AF503617

VERTUS DU PEUPLE.

LA
JEUNE AVEUGLE

HISTOIRE CONTEMPORAINE,

Par Madame Hipolyte TAUNAY,

Auteur du Petit et le Grand Monde.

TOME SECOND.

PARIS

CHARLES LACHAPELLE, ÉDITEUR,

RUE SAINT-JACQUES, 38.

1841.

LA JEUNE AVEUGLE.

PUBLICATIONS NOUVELLES, format in-8.

Madame d'ABRANTÈS.

LA DUCHESSE DE VALOMBRAY. 2 v.	10 fr.
LES DEUX SOEURS, histoire d'une famille, 2 v.	10
BLANCHE; 2 v.	10
ÉTIENNE SAULNIER, roman historique, 2 v.	10
LA VALLÉE DES PYRÉNÉES, 2 v.	10
RAPHAEL, 2 v.	10

Touchard-Lafosse.

LES RÉVERBÈRES, Chroniques de Nuit du vieux et du nouveau Paris. 6 v.	30
CHRONIQUES DES TUILLERIES ET DU LUXEMBOURG, physiologie des cours modernes, 4 vol.	20
Les tomes 5 et 6 se vendent séparément.	10
Ils contiennent les MÉMOIRES D'UN FROTTEUR, sur les cours de Louis XVIII et de Charles X, complément indispensable des Chroniques des Tuilleries,	
MARTHE LA LYVONIENNE. 2 v.	10
LE BOSQUET DE ROMAINVILLE, 2 v.	10
RODOLPHE ou A MOI LA FORTUNE, 2 v.	10
LES AMOURS D'UN POÈTE, 2 v.	10
LES JOLIES FILLES, 2 v.	10
LE CAPORAL VERNER et le général garnison, 2 v.	10
DEUX FACES DE LA VIE, ou le poète et l'homme positif, roman de mœurs, 2 v.	10

Auguste Ricard.

LA CHAUSSÉE D'ANTIN, ou HISTOIRE DU MARQUIS DE SAINTE-SUZANNE, 2 v.	6
NI L'UN NI L'AUTRE, 2 v.	6
LA STATUE DE LA VIERGE, 2 v.	6
COMME ON GATE SA VIE, 5 v. in-12.	6
JADIS ET AUJOURD'HUI, 2 v.	6
MA PETITE SOEUR, 2 v.	6
LES VIEUX PÉCHÈS, en société avec Maxi. Perrin, 2 v.	6

Maximilien Perrin.

LA GRANDE DAME ET LA JEUNE FILLE, 2 v.	10
LES MAUVAISES TÊTES, 2ᵉ édition, 2 v.	6
LA DEMOISELLE DE LA CONFRÉRIE, 2 v.	10
L'AMANT DE MA FEMME, 2 v.	6
L'AMOUR ET LA FAIM, 2ᵉ édition, 2 v.	6
LA SERVANTE MAITRESSE, 2 v.	10
LA FILLE DE L'INVALIDE, 2 v.	6
LE MARI DE LA COMÉDIENNE, 3 v.	9
MA VIEILLE TANTE, 2 v.	10
L'AMOUR D'UNE FEMME, par Charlotte Sor, auteur des Souveuirs du duc de Vicence. 2 v.	6
LA MORT D'UN ROI, par Dominique Mondo, r. h. 2 v.	6
LA FEMME AIMABLE, par Louis Couailhac, 2 v.	6
L'INDUSTRIEL, ou NOBLESSE ET ROTURE, 2 v.	6
MÉMOIRES DE LA MORT, par Carle Ledhuy, 4 v.	20

Imprimerie de Pommeret et Guenot, hôtel Mignon.

VERTUS DU PEUPLE.

LA
JEUNE AVEUGLE

HISTOIRE CONTEMPORAINE,

Par Madame Hipolyte TAUNAY,

Auteur du Petit et le Grand Monde.

II.

PARIS.

CHARLES LACHAPELLE, ÉDITEUR,

RUE SAINT-JACQUES, 38

1842.

LES ÉPOUX FOURNIER.

LES ÉPOUX FOURNIER.

S'il y a dans la classe qu'on nomme *peuple*
infiniment plus de vices, comme on le dit,
que dans celle des bourgeois et des riches, il
faut convenir aussi que lorsque la vertu s'y
rencontre. elle y brille du plus vif éclat.puis-
que nulle ostentation de commande, nulle
vue intéressée ne la produit : là , absence

totale de mesquines considérations , élan spontané du cœur, abnégation entière de soi-même. Qnand l'homme du peuple fait le bien, qu'il remplit vis-à-vis d'un malheureux ce que sa conscience lui indique comme un devoir, peu lui importent les conséquences et le *qu'en dira-t-on;* il taxerait avec juste raison cette prévoyance de dureté, cette sagesse d'égoïsme. — *Chacun pour soi* , dit le riche en fermant son trésor, *on ne sait pas ce qui peut arriver.* — *Dieu pour tous,* répond le pauvre en donnant son dernier sou, *il fera jour demain.*

Pour se convaincre de cette vérité, il suffit de lire l'histoire toute récente d'une pauvre famille, qui, selon nous, s'est conduite avec tant de noblesse d'âme, que nous nous faisons un devoir et un plaisir de la produire au grand jour, en en garantissant l'authenticité.

Au milieu d'un des quartiers les plus populeux de Paris, quartier que l'on nomme le Gros-Caillou, vivaient dans une honnête ai-

sance *les époux Fournier* ; le mari ancien cocher d'un personnage de la cour de Charles X,
possédait comme retraite, une petite pension. Ce n'était pas qu'il fût vieux, car il
comptait à peine quarante-cinq ans, mais
son maître étant mort, on avait, d'après ses
intentions bien formulées dans un testament,
accordé une honorable existence à chauun
de ses serviteurs, au prorata de leurs années
de service. Fournier, un des plus anciens, fut
donc compris dans la répartition pour une
somme de neuf cents francs. Homme d'ordre et de conduite, il avait placé en outre une petite somme, fruit de ses économies
et par ce moyen complèté treize à qua-
torze cens livres de revenu. La femme Fournier, également en service et tout aussi éco-
nome que son mari, s'était chargée de garnir
le ménage de tout ce qui pouvait leur être
utile ou agréable avec ses propres gages,
car pendant que *son homme* conduisait, du
haut de son siége cramoisi, les chevaux d'un

grand seigneur, elle faisait, de son côté, la cuisine d'un opulent financier, ce qui avait suffi pour leur assurer un honorable bien-être.

Lorsque Fournier perdit son maître, il se consulta avec sa femme sur ce qu'ils avaient à faire. Aussi bornés dans leurs désirs que sages et économes, ils pensèrent à leur bonheur. Depuis dix-huit ans qu'ils étaient mariés, leur vie laborieuse et leur état respectif les avait tenus constamment éloignés l'un de l'autre; sans enfans et pour ainsi dire sans famille, ils formèrent d'un commun accord le projet de se réunir, puisque Dieu leur avait fourni les moyens de vivre tranquillement à rien faire.

— A d'autres les places, dit le philosophe Fournier, il faut que tout le monde vive !

Ils choisirent une habitation commode aux environs des Invalides. car notre ex-cocher s'était lié d'amitié avec deux ou trois pensionnaires de ce glorieux hôtel : les humeurs concordaient et cela lui assurait en outre la perspective d'agréables récits de bataille et une partie de piquet sur la pelouse de l'esplanade quand la saison le permettrait, ou dans un obscur bouchon, en buvant un broc de bierre, en cas de mauvais temps.

Comme ces braves gens se l'étaient promis, la vie leur parut bien douce lorsqu'ils furent ensemble et maîtres de leurs actions : un petit jardin de trente pieds carrrés suffisait pour occuper le mari une partie de sa matinée. Amateur forcené de chevaux et de musique militaire, il ne manquait pas un exercice du Champ-de-Mars et attrappait ainsi trois heures. Il rentrait alors et trouvait son couvert mis très ponctuellement. L'après midi lui offrait encore des distractions économiques, qui avaient aussi leur charme, telles que jeux de boules aux Champs-Élysés, concerts en plein vent et conversations avec ses amis; puis, comme nous l'avons déja dit, la fine partie de piquet et d'impériale pour finir la soirée

La femme Fournier n'engendrait pas non plus mélancolie : d'une propreté minutieuse, et d'une grande recherche pour la préparation des alimens , quels qu'ils fussent, sa journée ne lui pesait nullement ; lorsque son mari , bien brossé, bien ciré , la montre d'or dans le gousset, un écu de cinq francs et quelque menue monnaie en poche, partait pour sa promenade accoutumée, dame Fournier assise sur le seuil de son rez-de-chaussée, une chaise devant elle, un tabouret sous ses pieds, sa petite chienne sur les genoux et son ouvrage à la main, passait agréablement son après-dîner à caqueter avec toutes les commères du quartier qui ne manquaient jamais de venir faire cercle autour d'elle et de lui tenir compagnie ; c'était une autorité que madame Fournier : d'abord elle était rentière, ce qui pour les vulgaires habitans du Gros-Caillou est une espèce de prodige. Ensuite madame Fouurnier quoique très riche n'est pas fière ; elle laisse admirer par ses

fenêtres la propreté de sa chambre frottée
et meublée en acajou ; on peut toucher et
sentir le géranium rosat qui garnit sa croisée ;
quelquefois même elle porte la bienveillance
jusqu'à promettre une bouture du dit arbuste
ou d'un bel œillet rouge qui l'avoisine. Puis
elle raconte à ses bonnes amies, tout ce
qu'elle sait de la cour, dont son mari faisait
partie du temps de défunt son bon maître ; la
finance ne lui est pas étrangère : elle raisonne
sur le quatre pour cent, sur le quatre et demi,
sur le cinq, parle de l'avantage de tel placement plutôt que de tel autre, enfin passe
pour un oracle au milieu de ces bons ouvriers qui ne connaissaient que le produit
d'une quinzaine et la difficulté de prélever
dessus la moyenne d'un loyer de soixante
francs pour l'année.

Sous ce rapport les époux Fournier sont
encore des matadores : ils ont pour eux tous
seuls un logement de deux pièces boisées et
plancheyées, plus une petite cuisine située

au bout du jardin. Il est vrai qu'ils payent cent–cinquante livres et l'on a pour eux une considération extrême à cause de leur exactitude, considération qui leur a valu toutes sortes de faveurs, telles par exemple que la construction d'un charbonnier, meuble tout-à–fait inusité dans le commun de cette classe, puis un appentis pour mettre le bois à couvert car madame Fournier fait aussi sa provision de bois! Elle ne s'est pas élevée jusqu'au caveau pouvant contenir une feuillette quoique son propriétaire le lui ait proposé ; la sage ménagère a pensé que si son mari avait à sa disposition cent-soixante bouteilles de vin, il pourrait bien n'être plus aussi sobre, surtout lorqu'un ami viendrait partager leur souper ce qui arrive assez fréquemment. Dans ce cas, si c'est un invalide, il apporte son vin de deux jours, cela suffit au repas, sinon le marchand du coin fournit trois demi-septiers de celui qu'il vend à tout le monde et l'on en est quitte pour douze sous. Bon ou mauvais

c'est le maximum. Il faut, disait la femme
Fournier , éviter les tentations ; la chair est
faible ; le plus sage est de s'en défier.

Qu'on ne croie pourtant pas que cette
bonne cuisinière soit avaricieuse, bien loin
de là : elle trouve un plaisir extrême à obliger ses voisins. S'ils ont besoin d'eau, ou bien
de feu, c'est toujours chez elle qu'il frappent.
Quand l'hiver, une pauvre femme des environs
s'adresse à elle pour allumer son *gueux*, jamais
l'épouse du cocher ne manque d'emplir le
vase de poussier, pour qu'il dure toute la
journée. Si c'est le jour du pot-au-feu obligé,
c'est-a-dire un dimanche ou un jeudi , elle
met une marmite assez grande pour qu'une
ou deux tasses de bouillon puissent être offer-
tes à un malade ou à une nourrice. Son jardin
quelque petit qu'il soit, fournit pourtant assez
de cerfeuil, d'oseille, et de persil pour en avoir
toujours au service d'un chacun. Enfin si quelqu'accident arrive dans le voisinage c'est encore chez les époux Fournier qu'on accourt

pour trouver un verre d'eau sucrée où des morceaux de toile nécessaires au pansement d'un blessé.

Le père Fournier de son côté rend des services à tous venans dans son quartier; c'est lui qui rédige et transcrit les mémoires et placets, quelque droit qu'on puisse avoir à des secours, soit de bienfaisance publique dans les bureaux de charité, soit de réclamations dans les ministères; il fait bien plus, il enseigne la marche à suivre et se charge par fois de les porter lui même en leur donnant le poids de la recommandation *d'un honnête homme connaissant son monde.* De loi en loin ces placets réussissent, ce qui donne à Fournier une réputation colossale.

Ces braves gens ont en outre dans leur entourage une influence plus importante, influence toute pacifique due à leux excellente manière de vivre et à leur bonne intelligence entre eux car jamais le ménage Fournier ne se dit un mot plus haut que l'autre:

essentiellement du même avis sur les choses importantes, ils ne discutent que des goûts et des couleurs encore le font-ils sans acrimonie : aussi, leur modeste intérieur est-il cité par tous ceux qui le connaissent comme le type à suivre pour être véritablement heureux, en foi de quoi, on les rend volontiers arbitres dans les querelles domestiques. Dieu sait combien de gens ont eu recours à leur médiation ! Je doute qu'un juge de paix dans toutes les ramifications de sa charge, aidé des lumières de l'instruction et de la triture des affaires, ait rendu plus de services à son arrondissement, que le père Fournier avec son gros bon sens, sur l'étroite surface qu'il habite. Voici comment il procède : s'agit-il de ramener au bien une femme évaporée ou paresseuse, il cite avec orgueil sa compagne et donne adroitement pour exemple à celle que le besoin devrait pousser au travail, celle qu'une honnête aisance pourrait en dispenser et qui augmente encore par son activité le bien-être dont elle jouit. Que s'il faut endoctriner un père de famille ivrogne et fainéant, la gamme s'entonne sur un plus haut ton :

— Camarade, dit gravement Fournier avec toute l'emphase que comporte son rôle, vous n'êtes donc point un homme ? Quoi de plus saint, de plus sacré que le titre de père de famille.... C'est tout ce qui me manque à moi ! des sacrifices à faire ! eh oui morbleu, la position le veut ainsi, mais ne voyez-vous pas la récompense à côté : votre cœur n'est-il pas fier en comtemplant ces être intéressans qui dépendent de vous et qui sont la chair de votre chair et les os de vos os ! Allons camarade, de la raison, songez à votre femme à vos enfans ; allez à la besogne, elle deviendra plus douce que vous ne pensez si vous vous dites : « Ce n'est pas pour moi que je travaille mais pour élever une famille qui me rendra dans ma vieillesse ce que je fais pour elle en ce moment. » Tenez, moi qui

vousparle, croyez-vous que je ne travaillerais
pas encore si j'avais des mioches? Je ne me
suis retiré si jeune que parce que le ciel m'en
a refusé et que je n'ai pas non plus de frères
ou de sœurs, ce qui me prive de neveux que
j'eusse regardés comme de véritables enfans.
Malgré ce dénûment de proches, je ne mange
pourtant pas mon bien : je veux encore laisser quelque choses après moi afin que l'on
dise : « Le père Fournier était un brave homme ; il a su se contenter du nécessaire pour
laisser à d'autres un souvenir de son passage
sur cette terre ; c'est mon idée comme çà... »
Oui, si le bon Dieu ne me retire pas ce que
je possède en propre, je le laisserai à quelque
malheureux qui l'aura mérité par une bonne
conduite.

C'est par de semblables discours unis souvent à des services réels, que Fournier parve-
nait quelquefois à ramener des ménage prêts
à se porter à de facheuses extrémités. Heureux ceux qui peuvent citer leur vie à l'appui

de leurs préceptes et qui comme les époux
Fournier n'ont qu'à dire: «Imitez-nous ! »

Sur le même palier que les époux Fournier
était à louer, depuis plus de six mois, une
grande salle humide et noire avec un cabinet
y-attenant. Le délabrement de ce logement
l'empêchait de trouver maître et le propriétaire se vit forcé, quoiqu'à regret, de la faire
mettre à neuf. A peine les ouvriers étaient-
ils dedans que ce gîte fut arrêté par un terrassier. La mère Fournier craignait fort les ennuis
d'un mauvais voisinage et ce ne fut pas sans
un vif déplaisir qu'elle vit arriver les nouveaux
locataires. Qu'on juge de son chagrin , je di-
rais presque de sa fureur quand elle énuméra
ce qu'il allait se nicher de têtes dans cette
espèce d'antre, qu'on nommait *logement frai-
chement décoré*, un père , une mère et cinq
enfans !....

— C'en est fait de mon repos dit la pauvre
femme en se lamentant près de ses voisines :

que deviendront mon jardin, mes fleurs, ma chienne, pauvre Bichette!... Ces malheureux vont me confondre tout, je n'ai plus qu'à m'enfuir. Moi qui laissais toujours ma porte ouverte, mon terrain qui ne ferme pas, mon charbonnier qui n'a pas même de cadenas, mon bois qui est à la belle étoile ! des misérables comme ceux-ci, se leveront la nuit pour me dévaliser; ah! mon Dieu que je suis donc à plaindre.

La famille du terrassier se trouvait en effet dans la plus profonde misère: le père, homme déjà avancé en âge, gagnait quarante-cinq sous par jour; la mère beaucoup plus jeune, blanchisseuse de son état, n'était employée que quatre jours par semaine comme c'est l'usage pour celles qui lavent. Elle rapportait huit francs de ce rude travail ce qui joint aux quinze de son mari faisait en tout vingt-trois fr. par huitaine avec lesquels il fallait nourrir sept personnes; encore y avait-il quelques mortes saisons: On voit clairement

que malgré la stricte économie et les efforts
de la ménagère, il était difficile de manger
plus que du pain chez le pauvre terrassier.
Cependant la misère ne saurait être une
preuve de bassesse et de déloyauté ; c'est ce
que prouva de reste le nouveau voisinage
qui, par sa venue, avait tant effrayé l'opulent
cocher et sa femme.

Dès quatre heures du matin, on eût entendu la diligente blanchisseuse et son mari le
terrassier sortir avec précaution de leur gîte,
ayant bien soin de fermer sur eux la porte de
l'allée mais assez doucement pourtant, pour
en pas interrompre le sommeil des heureux locataires qui peuvent encore dormir. Vers
huit heures, la mère de famille rentre, met
sur pieds ses enfans, les débarbouille et les
habille, pendant que l'aînée de ses filles, levée
la première, fait chauffer une pleine marmite
de soupe à l'usage de tous. A neuf heures, les
trois plus grands enfans du terrassier s'en
vont à l'école un petit panier couvert à la main

pour dissimuler le morceau de pain de munition qu'il contient, accompagné le plus souvent d'un peu de fromage blanc ou d'une pomme.

— Soyez bien sages, leur crie encore de loin la jeune blanchisseuse, travaillez bien, si vous voulez que le petit Jésus vous protége ; puis elle embrasse mille et mille fois les deux plus jeunes qu'elle laisse au logis, regarde partout s'il n'y a plus de feu, si les fenêtres sont bien refermées, et se sauve à toutes jambes au son de la cloche qui annonce neuf heures, emportant dans sa poche la clé sous laquelle doivent rester jusqu'à la fin du jour les pauvres petits prisonniers. A huit heures du soir, tout le troupeau rentrait au bercail : alors c'était une joie plus attendrissante que bruyante.

— Qui est-ce qui a été sage demandait gravement le papa ?

— Moi répondait-on de toutes parts, je n'ai pas eu le bonnet d'âne aujourd'hui.

— J'ai bien récité mon catéchisme disait un autre.

— Et moi reprenait un troisième, je n'ai pas battu mon frère quoiqu'il m'ait pris ma toupie et perdu deux billes.

— A la bonne heure répondait avec solemnité le terrassier; en ce cas voici des noisettes que le petit Jésus vous envoie, ou autres bagatelles d'aussi peu de valeur. Les enfans grimpaient sur les genoux, les épaules et les bras du papa qui les faisait sauter, pendant que la bourgeoise apprêtait à la hâte la soupe aux choux ou le plat de pommes de terre accomodées avec un peu de graisse. Quand le souper quelque peu bruyant était terminé, la pauvre famille se couchait et s'endormait profondément pour recommencer le lendemain.

Les bons Fournier ne purent voir tant de misère et de philosophie sans le plus vif intérêt : ils furent surtout frappés de l'obéissance des enfans du terrassier, non seulement en-

vers leurs parens, mais encore vis-à-vis des
étrangers. Un jour qu'ils témoignaient à la
blanchisseuse leur étonnement à cet égard,
elle leur répondit :

— Comment voulez-vous qu'il en soit autrement ? c'est bon pour les riches de gâter
leurs enfans, tout leur est permis, ils ont de
l'argent ! mais nous autres, pauvres malheureux, qu'est-ce que nous deviendrions, si nous
n'étions pas souples comme un gant. Ne faut-
il pas obéir toute notre vie et nous faire du
moins plaindre, si nous ne pouvons nous faire
aimer. Dans deux ans ma fille aînée fera sa première communion ; ensuite je la mettrai en apprentissage ; où en serait elle la chère enfant si
elle était habituée à faire ses volontés ? au lieu
que déjà rompue aux misères et aux privations de tout genre, je me dirai, elle ne peut
que gagner en me quittant. Des larmes brillèrent dans les yeux de la mère de famille à
la triste pensée de se priver d'un seul des
êtres dont la possession lui coûtait tant de
Peines, tant de soins.

Les époux Fournier admirent en silence la sagesse de la nature qui, sait placer dans le cœur d'une mère assez d'amour, pour maîtriser les maux attachés à ce doux nom.

— Mais, demanda encore l'ex-cordon bleu, comment vous y prenez-vous pour étendre votre autorité au de là de votre présence, car vos petits enfans sont d'une sagesse incroyable pendant que vous êtes dehors.

— Je leur fais accroire, répondit la blanchisseuse, que le petit Jésus me rend compte de toutes leurs actions; en arrivant, je vois à leur mine s'ils ont fait quelque chose de répréhensible, puis je les interroge : eux, bien persuadés que je sais tout, s'accusent naïvement de leurs méfaits en me demandant pardon ; alors je punis ou absous, selon la gravité de la faute. Une chose que je ne saurais souffrir, c'est qu'ils s'accusent entre eux ou se fassent des méchancetés car s'ils ne s'aiment et ne se protégent, qui donc les aimera? quand nous ne serons plus ?

— Vous pensez à un avenir bien éloigné, interrompit la femme Fournier ; il faut espérer que vous avez encore une longue carrière à parcourir.

— Qui sait ? reprit tristement la compagne du terrassier, mon homme est déjà vieux ; j'ai un état bien rude : toujours dans l'eau, je suis pleine de douleurs ; enfin que Dieu nous conserve assez tous deux pour élever notre famille. C'est tout ce que nous lui demandons.

Il est facile de prévoir que la bonne dame Fournier ne restera pas insensible aux rares vertus de la blanchisseuse et du terrassier ! elle admire leur résignation, plaint sincèrement leur sort, et fait ce qui est en son pouvoir pour soulager leur misère, d'autant plus volontiers qu'au lieu des désagrémens qu'elle redoutait d'un tel voisinage, elle n'a au contraire qu'à s'en louer : jamais les enfans ne pénètrent dans son jardin, ils se contentent de le regarder de loin. S'ils sortent pour faire quelques commissions, ils ne manquent pas

d'offrir leurs services à madame Fournier ;
souvent ils l'avertissent que Bichette vient de
s'enfuir dans la rue et courent avec empressement après la chère petite bête qu'ils rapportent en triomphe. Chaque locataire doit
une fois la semaine balayer l'escalier, la cour
et le devant de la porte ? c'est une opération
qui se fait ordinairement le dimanche ; lorsqu'arrive le tour des époux Fournier , le terrassier s'acquitte de ce soin pendant qu'ils
dorment et refuse constamment d'accepter
quoique ce soit de dédommagement, allé-
guant que c'est trop peu de chose. Les enfans de leur côté ont souvent reçu de madame
Fournier des prunes ou autres fruits de son
jardin et afin d'en faire pousser de plus en
plus, ils ramassent et apportent avec assiduité
tout le crotin de cheval qu'ils rencontrent,
ce qui enchante leur bonne voisine. La mère
Fournier ne reste pas en arrière. Ne pouvant
rien faire accepter aux parens, elle comble
les enfans : c'est un petit pantalon à l'un, une

robe à l'autre, une casquette à celui-ci, des souliers celui-là, des vivres pour tous. Son cœur saigne quand elle mange quelque chose de bon et qu'elle se rappelle cette pauvre famille. Lorsque les enfans partent pour l'école, elle les arrête et glisse dans leurs poches de quoi déjeuner et dîner.

— Laissez-moi vos deux plus petits, dit-elle à la blanchisseuse, je ne suis pas tranquille quand je songe que ces malheureux ainsi enfermés, pourraient mourir de je ne sais quoi, faute de secours : alors la clé du misérable réduit lui est confiée avec mille bénédictions pour sa bonté, car la mère aussi frémit de tous ses membres chaque fois qu'elle sent sous ses vêtemens cette clé qui renferme sous le pêne de si précieuses créatures. A dater de ce jour les deux petits sont choyés, aimés et surveillés par les époux Fournier ravis de leur gentillesse et plus encore de leur incroyable docilité.

Au bout de six mois que les nouveaux venus logent dans leur humide demeure, la jeune femme est prise de douleurs si terribles, qu'elle est bientôt hors d'état de travailler ; dans son désespoir, elle veut se faire porter à l'hôpital, mais que deviendront ses enfans pendant son absence.

— J'en aurai soin, dit à son oreille une voix amie, et la sécurité reparaît sur le front désolé de la jeune mère. Pendant six semaines que dure la maladie de la blanchisseuse, un ange gardien veille sur sa famille : Le terrassier va à la besogne une heure plutôt et revient une heure plus tard, car il faut qu'il travaille pour deux ; chaque samedi il remet sa paye dans son intégralité à la mère Fournier qui, s'est chargée en l'absence de sa bourgeoise, de faire la cuisine à sa place.

— Vous nous traitez trop bien, dit-il en voyant qu'il mangeait deux fois par semaine du bœuf, je crains que nos moyens ne suffisent pas.

— Allez toujours, père Blanchard, répond

madame Fournier, çà m'connaît, moi, la cuisine ; occupez-vous de vos cailloux et chacun
son métier comme on dit ; d'ailleurs n'faut-il
pas du bouillon à vot' pauvre femme ! puisqu'on n'y va que deux fois par semaine, c'est
bien l'moins qu'on lui porte un consommé ;
dans son état c'est ce qui lui faut pour la
r'faire.

Elle ne disait pas qu'elle ajoutait encore
du sucre, des confitures, des biscuits, des
oranges ; enfin tout ce que permet la consigne.

Lorsque la jeune blanchisseuse rentra dans
ses foyers, elle trouva sa famille florissante,
et reçut encore deux pièces de cinq francs qui
restaient sur la dépense, à ce que disait la
mère Fournier.

— Ce n'est pas possible, s'écria la malade,
et je ne souffrirai pas.....

— Eh bien ! fâchez-vous donc contre le
petit Jésus, reprit en souriant la bonne cuisinière, car c'est lui qui vous offre ce peu

d'argent pour aider à votre rétablissement.

La pauvre femme pressa affectueusement la main de son amie, mais elle n'articula pas un remercîment, son cœur était trop plein pour qu'elle pût parler.

— Maman, s'écria un des enfans, nous avons prié le petit Jésus tous les jours pour qu'il nous rendît notre mère et nous avons été le plus sages possible, parcequ'on nous a assurés que c'était le seul moyen de te revoir !

— Et l'on ne vous a pas trompés, reprit la mère attendrie ; me voilà au milieu de vous que Dieu m'y conserve. J'ai bien souffert, ajouta-t-elle, en causant avec madame Fournier, mais ce qui m'effrayait le plus, c'était l'idée que je pouvais mourir et laisser cinq enfans à mon pauvre mari.

En disant cela, ses joues et son front se colorèrent tellement, que son amie en conçut de l'inquiétude.

— Calmez-vous, lui dit-elle, vous me faites peur, on dirait que vous allez devenir folle.

— C'est vrai, reprit la jeune mère, quand il me passe quelques idées de ce genre par la tête, mon cerveau se détraque.

Le temps et la bonne amitié remirent sur pieds la blanchisseuse qui reprit avec courage ses travaux ordinaires.

On s'attache par ses propres bienfaits : aussi la femme Fournier ne put bientôt plus se passer de quelques uns des enfans du pauvre terrassier ; l'aîné des filles surtout l'intéressait à un point extrême. A peine âgée de dix ans, cette petite montrait une intelligence rare et surtout un cœur si reconnaissant, qu'on se trouvait heureux de lui faire du bien. Les époux Fournier s'étaient beaucoup consultés au sujet de cet enfant; ils avaient une envie excessive de se charger de son sort. Cependant ils sentaient bien qu'il était difficile de la demander à sa mère puisque c'était elle qui déjà la remplaçait dans

le ménage et que d'ailleurs elle était toute élevée. Peut-être eût-il été mieux de leur part, de
se charger du plus petit qui était un garçon ;
mais il y a toujours, même dans la vertu, un
peu d'égoïsme et Louise plaisait tant à madame Fournier, qu'elle n'eût voulu d'aucun
autre. Qui sait si la blanchisseuse eût pu con-
sentir à un don quelconque de ce genre car
dans le cœur d'une bonne mère tous ses enfans sont égaux ; l'âge. le sexe n'y font rien :
un besoin spontané, une souffrance peuvent
seuls attirer la préférence ; madame Fournier
le sentit et se garda de faire sa proposition.
Elle continua de soulager dans leur dénûment
les cinq enfans Blanchard. tout en aimant
mieux Louise qu'elle prenait avec elle le plus
souvent possible.

L'hiver avait été dur ; de fortes gelées
avaient suspendu pendant plus de six semaines
les travaux extérieurs ; c'est alors que la
famille du terrassier eût souffert bien cruellement sans l'excessive bonté du ménage

Fournier. La compatissante cuisinière inventa mille moyens de secourir ses voisins sans pourtant réduire son avoir. D'abord elle partageait sa tasse de café avec les deux petits qui restaient au logis, faisait à midi une forte chaude à son poêle, dans lequel elle avait soin de mettre cuire des pommes de terre et même des pommes communes, ce qui nourrissait et régalait à peu de frais toute la nichée Blanchard. Le soir elle faisait une seconde chaude à laquelle elle avait coutume d'inviter ses voisins qui, pendant quelques heures, profitaient de sa lumière et de son feu après quoi, la braise et la cendre chaude, mise dans une grande terrine servait à sécher un peu la salle froide et humide qui renfermait ces intéressans malheureux.

Le jeudi et le dimanche, jours fériés chez l'ex-cocher, parce qu'on met le pot-au-feu, auquel on ajoute une salade, les époux Fournier admettent toute la famille Blanchard à leur table : Deux jours par semaine de bonne nourriture, se sont dit ces braves gens, detruiront le mal causé par des privations continuelles. Grâce donc à cette touchante sollicitude et aux secours accordés par les bureaux de charité, le pauvre terrassier put atteindre la belle saison sans mourir de faim ou de froid.

Les services nombreux rendus etreçus resserrèrent de plus en plus les liens des deux familles. Le père Fournier sortait moins de chez lui, depuis qu'il y trouvait une distraction et c'en était une grande pour lui que de jouer avec ses petits commensaux. L'un lui cachait sa pipe, l'autre lui récitait une fable ou lui chantait une chanson, enfin, il s'amusait on ne peut plus de l'espiéglerie de l'enfance, par cela même qu'il ne l'avait jamais vue de si près.

— Comme je serais heureux, disait-il à sa femme, si j'avais à moi un marmot aussi gentil que Pierre ! c'est vraiment un enfant charmant.

— Et moi, reprenait sa femme, quel agrément j'aurais à élever une fille intelligente et douce comme Louise. Je voudrais qu'à douze ans, elle sût faire la cuisine aussi bien que moi, et qu'à vingt, elle fût dans le cas de gagner six cents francs chez des Anglais, car je lui ferais enseigner ce qui me manquait à moi, l'office; maintenant il faut faire les sucreries et les glaces si l'on veut se bien placer !

— Et mon petit gaillard de Pierre, interrompait le cocher, crois-tu que j'en serais embarassé? il n'a pas plus peur d'un cheval véritable que d'un cheval de bois; tu as beau dire, va, ma vieille, j'aimerais mieux me charger d'un garçon que d'une fille, parce que, vois-tu, les deux oreilles... tu sais bien ce que je veux dire !

— Pour nous mettre d'accord, répliqua madame Fournier, nous n'aurons ni l'un ni l'autre, car certainement, je ne demanderai pas à cette pauvre mère un de ses enfans, ce serait lui fendre le cœur; peut-être n'oserait-elle pas me refuser à cause des légers services que j'ai été à même de lui rendre. Il ne faut jamais profiter de ses avantages, ainsi restons comme nous sommes, c'est le mieux.

Le terrassier et sa femme la blanchisseuse avaient repris leurs travaux et leur bonne humeur; ils étaient donc aussi heureux que possible lorsque l'on a cinq enfans et que l'on est journaliers. Leurs petites affaires s'amélioraient peu-à-peu, quand un événement inattendu, désespérant, vint fondre sur cette famille déjà si éprouvée. Un jour d'été qu'il faisait une chaleur insupportable, le terrassier et sa femme sortirent dès quatre heures du matin, comme ils avaient coutume de le faire dans cette saison : L'air de leur chambre leur avait paru si vicié qu'ils eurent la fatale pensée de laisser la fenêtre ouverte; elle donnait sur la cour ce qui ne présentait aucun danger. A peine les deux époux cheminaient-ils ensemble, qu'ils virent à l'horison de gros nuages d'un aspect effrayant. La mère inquiète voulut retourner sur ses pas, mais l'heure la pressait car elle travaillait fort loin.

— Sois tranquille , lui dit son mari, je pioche ici près, si le temps se gâte tout de bon , je courrai de suite fermer chez nous et rassurer nos marmots.

Comme la jeune mère l'avait prévu, un violent orage éclata vers six heures du matin. Le père Blanchard se hâta de gagner son gîte, pensant à l'effroi des enfans s'ils se réveillaient ; ne les entendant pas crier du dehors il ouvrit la porte avec précaution et se dirigea vers la fenêtre sans qu'aucun d'eux bougeât ; à l'instant un terrible coup de tonnerre perça la nue ! Au bruit affreux de cette détonation , les enfans réveillés en sursaut, jetèrent un cri qui bientôt fut suivi des plus déchirans sanglots; tous les voisins effrayés aussi par la violence de l'orage , accoururent et se précipitèrent en foule dans la chambre de Blanchard dont la porte et la fenêtre étaient toutes grandes ouvertes. Quel affreux spectacle frappa alors les regards des assistans! Un homme étendu sur le plancher, ne donnant aucun signe de vie. Autour de ce cadavre, sont cinq enfans qui appellent et qui cherchent vainement à le ranimer en lui prodiguant le s plus doux noms que suivent immédiatement des cris perçans :

— Papa est mort! s'écrie une jeune fille désespérée en se tordant les bras; il ne nous répond rien...

Hélas! ce n'était que trop vrai, la foudre avait atteint l'infortuné Blanchard, qui n'existait déjà plus.

Cette horrible catastrophe répandit la consternation sur tous les visages.

—Pauvre femme! s'écria la mère Fournier; sauvons-la du premier désespoir, cachons-lui son malheur.

A peine achevait-elle ces mots qu'une

femme fend la foule, se précipite dans la chambre et va tomber, en poussant un long gémissement, sur le cadavre du terrassier. C'était la blanchisseuse qui, sans doute inquiète de ses enfans et poursuivie d'un funeste pressentiment, avait affronté le déluge de pluie qui tombait pour voler à leur secours. Arrivée dans sa rue elle voit du monde à sa porte ; une terreur mortelle la saisit :

— Mes enfans !.. demande-t-elle à tous les passans d'un air égaré ; mes enfans ?..

Une commère qui la reconnaît lui crie imprudemment :

— Malheureuse, viens donc vîte, ton pauvre mari a été tué par le tonnerre !

Ces affreuses paroles ont retenti à ses oreilles comme un sifflement ; elle ne peut y croire, vole plutôt qu'elle ne marche et tombe comme nous l'avons dit sur le corps de celui qu'elle croit ne plus retrouver.

L'autorité avertie, se présente , on relève les deux malheureux pour constater leur

état; l'un est mort, l'autre bien plus à plaindre a perdu la raison. Jamais spectacle ne
fut aussi déchirant que celui qu'offrit pendant quelques heures le pauvre réduit du
terrassier.

Une femme jetant des hurlemens qui atti-
raient la foule dans la rue ; la police dressant
froidement, mais avec dignité, les procès-
verbaux de rigueur ; des enfans entourant
leur mère en sanglottant, lui jurant que si
elle se calme, ils seront sages toute leur vie,
et ne lui donneront pas le moindre sujet de
chagrin, tandis que la pauvre folle s'empare
violemment de l'un d'eux qu'elle veut dévorer de ses propres dents, le prenant pour un
serpent qui vient de lui faire une blessure
mortelle ; cette vision terrible s'était instan-
tanément reproduite dans le cerveau malade
de la femme Blanchard, parce que, jeune fille,
elle avait eu peur d'une couleuvre qui, en
effet, lui avait fait à la main une morsure de
nulle conséquence alors.

Il fallut arracher à cette forcenée ses pauvres enfans qui, malgré les menaces par elle articulées, voulaient toujours se précipiter dans ses bras, et lier fortement ses mains pour qu'elle ne se portât à aucun excès contre elle-même.

Dès que les formalités furent remplies on enleva le corps du mari et la femme fut conduite à la Salpétrière.

— Mais les enfans, qu'en ferons-nous? demanda le commissaire de police.

— Je m'en charge jusqu'à nouvel ordre, dit le père Fournier; si cependant la maladie de cette pauvre femme durait trop longtemps, j'aurai recours à l'autorité pour m'aider.

— Quand vous voudrez, répondit l'honnête magistrat; nous serons fiers d'associer notre concours à celui d'un homme comme vous!

Pendant que le bon cocher promettait son assistance, son excellente femme employait

toute sa réthorique à consoler la jeune Louise
plus vivement affectée qu'on ne l'est à cet
âge. Les autres enfans mangeaient tristement des tartines de beurre qu'ils tenaient;
mais Louise, la pauvre Louise ne pouvait
maîtriser sa douleur. Il semblait qu'elle com-
prît toute la portée du coup qui venait de la
frapper. Son œil plein de larmes, regardait
avec l'expression d'un profond désespoir le
groupe que formait sa jeune famille, et bientôt une nouvelle convulsion de sanglots la
suffoquait.

Lorsqu'on eut mis ordre à tout, le père
Fournier rentra, il s'assit sans mot dire, et
prit machinalement sur ses genoux le petit
Pierre; sa femme avait aussi attiré sur son
sein là jeune Louise à l'istant où le roule-
ment d'une voiture leur avait annoncé que
ses parens lui étaient enlevés. La bonne
femme entourait le corps de la jeune enfent
et la couvrait de ses bras comme pour lui dire
je ne t'abandonnerai pas. Trois autres en-

fans restaient isolés au milieu de la chambre;
Louise leva la tête, les aperçut et vola vers
eux, car elle aussi disait tout bas :

— Je ne vous abandonnerai point !

Une quinzaine de jours se passa sans apporter la moindre consolation aux enfans
Blanchard ni à leurs dignes protecteurs.

Il était impossible de pénétrer jusqu'à la
pauvre folle dont l'état paraissait désespéré,
cependant ses amis s'aveuglaient encore relativement à sa guérison : ils imaginaient que
la jeunesse et la force de son tempérament
la tireraient de là ; peut-être même
croyaient-ils qu'un secours d'en haut rendrait
à sa famille une mère si méritante. Mais les
faibles mortels ne peuvent comprendre les
décrets de la Providence. Par des motifs audessus de leur portée, elle en avait décidé
autrement. Un jour que Fournier se rendit
à la Salpétrière plus confiant que de coutume, on lui apprit que la femme Blanchard
était allée rejoindre son mari.

Notre cocher se sentit profondément ému à cette fâcheuse nouvelle ; tout en revenant le long des boulevards extérieurs, il fut taciturne et parut réfléchir. Quand il arriva près de sa demeure , le cœur lui battit ; il se disait qu'une grande résolution allait se prendre entre sa femme et lui , et que, de cette résolution, dépendrait le reste de leur vie. Il hésita quelque minutes avant de pénétrer dans son domicile, fit encore quelque pas en arrière,puis obéissant à une subite et aveugle impulsion, il entra précipitamment ; son air morne instruisit sa compagne du résultat de sa course : la même révolution se fit alors en elle et les époux Fournier, absorbés dans leurs réflexions, demeurèrent le reste du jour sans parler. Quand les trois plus grands enfans revinrent de l'école, madame Fournier ne put retenir ses larmes. Louise qui s'approchait pour l'embrasser, devint pâle et s'écria, en se laissant tomber à genoux:

« Mon Dieu ! nous n'avons plus de mère ! »

Ce fut encore un moment déchirant que celui qui ôta toute espérance à ces pauvres orphelins. Le père et la mère Fournier ne trouvèrent aucune consolation à leur offrir; savaient-ils eux-même ce qu'ils feraient? Le cas était trop grave pour se décider à la légère. La nuit se passa en conversations, mais peu décisives car les sanglots de Louise qui arrivaient jusqu'à leur oreille, troublaient leur cœur à un point qu'on ne saurait dire. Après bien des tergiversations, ils finirent par conclure selon leur penchant dominant : C'est bien naturel. Ils se déterminèrent donc à garder par devers eux, avec l'engagement formel de pourvoir à leur existence, l'aîné et le plus jeune des enfans Blanchard, c'est-à-dire Louise et Petit-Pierre; quant aux trois intermédiaires, dit la femme Fournier, il nous sera facile de les colloquer aux uns ou aux autres : nous en prenons deux, de plus riches que nous se chargeront bien d'un seul.

Dès le lendemain, madame Fournier, pro-

prement vêtue, s'en alla faire sa tournée :
elle s'adressa d'abord aux gens établis, tels
que marchands de bois de bateau, marchands de vins, fabricans, traiteurs, con-
tant partout d'une manière très pathétique
l'affreux accident dont elle avait été témoin,
et finissant par implorer pour les trois orphelins asile et protection. Tout le monde
se montra fort touché de son récit, mais chacun en particulier regretta que sa position
ne le mît pas en état de prendre une de ces
malheureuses créatures. Celui qui, quoique
riche, avait des enfans, s'excusait sur ses
devoirs envers sa propre famille ; le ménage
sans lignée, disait qu'il pouvait venir des re-
jetons et ceux auxquels l'âge refusait cette
excuse, alléguaient que n'étant plus jeunes,
ils n'auraient pas la satisfaction d'élever jusqu'au bout un enfant d'adoption, n'ayant que
cinq, sept ou même neuf ans. On offrit partout de précaires secours, mais la fière madame Fournier répondit que ce n'était pas

l'aumône qu'elle demandait, et que sa position lui permettait de la faire elle-même.

Un peu découragée par cette expérience, la brave femme allait retourner au logis, lorsqu'elle s'ingéra d'implorer les maîtres blanchisseurs en faveur de ses protégés. La plupart d'entre eux étaient chargés de familles nombreuses, ce qui les mit dans l'impossibilité de prendre un seul des enfans ; cependant, ils avisèrent à ce qu'ils pourraient faire pour ader au moins ceux qui leur donnaient un si bel exemple. L'un s'engagea à recevoir en apprentissage la fille de neuf ans, à condition que madame Fournier continuerait à la coucher et à la vêtir jusqu'à sa première communion ; un autre se chargea du garçon de sept ans qu'il consentit à nourrir, pourvu qu'il vînt garder son linge dans les champs et sa voiture quand il se rendait à Paris ; enfin tous offrirent une collecte dont le montant payerait à la dame Fournier une pension de cent écus par an jusqu'à ce que

l'enfant pût se rendre utile à ses bienfaiteurs.
Les cent écus furent complétés à l'instant
par la souscription qui se fit entre les maîtres
blanchisseurs du Gros-Caillou. Les simples
ouvrières voulurent aussi payer un tribut
aux mânes de leur malheureuse compagne,
et le premier samedi de la paie, elles rassem-
blèrent une petite somme qu'une députation
apporta à la mère Fournier, disant que cela
servirait à vêtir pour une saison les pauvres
orphelins.

Les époux Fournier reçurent avec un saint
respect cette touchante offrande et furent
très satisfaits de l'appui qu'on leur prêtait,
Cependant ils ne purent se dissimuler que les
cinq enfans restaient sous leur responsabilité
puisque leur maison était le foyer qui devait
les réunir chaque soir , et que, s'ils ne se
comportaient pas bien, on les leur renverrait
tout-à-fait. Plusieurs personnes auxquelles
ils contèrent les justes inquiétudes qu'ils en
concevaient, ne trouvèrent qn'un conseil à

leur donner, celui de mettre ces pauvres petits aux Enfans-Trouvés.

— Je me le reprocherais toute la vie, dirent simultanément les époux Fournier ; puisque Dieu nous les laisse, c'est qu'apparament il a l'intention de nous aider, sa sainte volonté soit faite !

De ce moment la maison Fournier prit une autre face, ce n'était plus cet air d'aisance et de tranquillité d'esprit qui faisait envie ; la plus stricte économie s'y observait et les noirs soucis y avaient pénétré. Le bon Fournier faisait toujours sa promenade, mais elle était circonscrite dans un étroit rayon, à cause des deux enfans qu'il menait par la main. Adieu le jeu de boule, les concerts en plein vent et l'exercice du Champ-de-Mars, on ne peut aller dans la foule avec les marmots dont il faut s'occuper sans cesse. La partie de piquet restait, mais il s'en prive le plus souvent, afin de ne pas consommer le pot de bierre obligé en pareille circonstance ;

d'un autre côté, la femme Fournier n'est
plus comme par le passé le centre auquel
aboutissent toutes les commères du quartier;
retirée chez elle pour coudre, blanchir ou
repasser, elle ignore absolument ce qui arrive de par le monde et ne pourrait repro-
duire la moindre nouvelle; d'ailleurs sa
Louise approche de ses onze ans, elle est
intelligente et jolie, on doit la garder du
contact des hommes et de celui non moins
dangereux des langues du Gros-Caillou.
C'est pourquoi la mère Fournier se claque-
mure chez elle où l'attachent suffisamment
les honorables occupations auxquelles elle se
livre, en compagnie de sa fille adoptive qui
l'aide autant que le permettent son âge et ses
forces. Cette jeune fille est la douceur même,
un véritable ange descendu sur la terre pour
le bonheur des quelques élus qui la connaî-
tront.

Sa physionomie douce et tendre prévient
en sa faveur; son caractère d'une inalté-

rable égalité attache à jamais ; vingt fois au moins depuis un an, Louise a été demandée à sa protectrice par différentes personnes.

— Non, non, répond-elle, Louise est ma fille, jamais elle ne me quittera, à moins qu'ell ne le veuille pourtant.

Et Louise alors se jette au cou de la mère Fournier, pour lui faire comprendre qu'elle aussi l'aime et ne veut pas se séparer d'elle. Louise vient de faire sa première communion avec un recueillement remarquable. Ce divin sacrement ajoute beaucoup à sa précoce raison, et l'enfant passe sans transition à l'état de jeune personne ; grande élancée, modeste, elle est très remarquable et très rémarquée ; les époux Fournier s'en apperçoivent soit lorsqu'elle sort pour faire quelques commissions, soit à la promenade qui se fait en famille le dimanche et le jeudi· Ils jugent prudent de garder la jeune fille et cessent même de l'envoyer à l'école :

« Elle en sait bien assez, dit la judicieuse

madame Fournier, moi, qui suis moins savante qu'elle, je gagnais pourtant joliment ma vie! pour se mettre au service, il ne faut pas tant de science; lire écrire et compter, suffisent à des gens de notre sorte.

Louise changeant de manière de vivre, reçoit de sa mère adoptive les premières notions de la cuisne, sans négliger les travaux à l'aiguille, dans lesquels l'enfant s'est déjà acquis de la réputation ; l'intelligence se déversant sur toutes les actions de la vie, il s'ensuit que Louise comprend à merveille l'art auquel on veut l'initier, ce qui enchante sa tendre institutrice.

Le père Fournier n'est pas aussi heureux que sa femme dans le choix qu'il a fait parmi les orphelins. Petit-Pierre est bien l'enfant le plus mutin qui existe. Joueur indompté, il entraîne son jeune frère qu'il rend aussi volontaire que lui; peu experts en fait d'éducation, les époux Fournier se hâtent de s'en débarasser pendant le jour en les envoyant une école chrétienne, car on ne respire qu'en leur absence. Quant aux deux autres enfants placés comme nous l'avons dit chez d'hônnêtes blanchisseurs, ils donnent toutes sortes de satisfaction, parce qu'ils se ressentent encore des leçons de leur mère ; leçons qui n'ont pu malheureusement profiter à petit-Pierre le plus jeune de tous. Malgré ces différences dans les caractères des enfans Blanchard, et l'inexpérience des époux Fournier dans l'art de façonner des hommes, les choses allaient passablement. Avec du temps et de la patience, nul doute que ces excellentes gens n'eussent mené glorieusement à fin leur belle entreprise, si un grand évènement tout-à-fait en dehors de leur ressort, ne fut venu bouleverser la France entière et par contre-coup le sort d'une foule de personnes plus ou moins méritantes. 1830 et ses étonnantes journées dont devait retentir le monde, jeta le trouble et l'épouvante dans le Gros-Caillou, notamment chez les époux Fournier. Le départ de Charles X entraîna celui des personnages qui l'approchaient, et détruisit leur position; si bien que les neuf cent livres que recevait annuellement l'ex-cocher, se trouvèrent supprimés tout naturellement par la fuite et la ruine des héritiers de feu son maître. Un malheur, dit-on, n'arive jamais seul ; par suite du même évènement, la maison sur laquelle étaient placées les économies de Fournier fit une éclatante faillite, ce qui réduisit à rien l'aisance dont cet excellent couple avait su faire un si digne usage.

Je laisse à penser le chagrin que durent éprouver ces malheureux, en se trouvant ainsi privés subitement de toutes leurs ressources, avec cinq enfans à leur charge, car toujours par le même motif, les blanchisseurs qui avaient promis leur concours, reprirent la parole qu'ils avaient donnée, faute de pouvoir y faire honneur.

Le coup fut rude, cependant on le subit
avec courage et dignité.

— Gardons-nous de nous l'aisser abattre
dit Fournier à sa femme; opposons l'énergie
au malheur, peut-être se lassera-t-il de nous
poursuivre.

— Et ces pauvres enfans, reprit en pleurant la mère Fournier, qu'en ferai-je? ne les
aurai-je recueillis que pour me voir forcée
de les abandonner.

— Allons donc femme, est-ce que je ne
suis pas là, moi, je travaillerai.

— Et si tu ne trouves pas de place, dit
encore la femme découragée.

— Eh bien ! répondit tranquillement Fournier, je conduirai le fiacre ou le cabriolet;
rien ne doit humilier quand il s'agit de faire
vivre les siens: supposons que les petits
Blanchard soient à nous, il faudrait bien leur
donner du pain, ainsi nous ferons comme s'ils
nous appartenaient.

— Cher homme, dit tendrement la femme

Fournier, cest le bon Dieu qui t'inspire, mais sois tranquille va, je ne resterai pas en arrière et je te promets de te seconder d'une solide manière.

On rechercha les anciennes relations; presque toutes avaient disparu : les uns étaient partis, les autres avaient perdu leurs places, tous étaient indifférents aux souffrances d'autrui. Fournier se vit donc forcé d'accepter un vilain fiacre jaune traîné par deux vieilles rosses, trop heureux d'avoir trouvé ce grotesque équipage ! Les premiers jours furent pénibles; l'habitude du luxe, rendait plus hideux encore aux yeux du cocher de bonne maison, la voiture qui lui était échue. Disons aussi que le repos dont il jouissait depuis cinq ans environ, lui fit trouver ce travail forcé auquel il était astreint plus fatiguant qu'il ne l'avait imaginé. Bah! se disait-il à lui même en jetant un œil de pitié sur son attelage, renfonçons l'orgueil et la paresse et soutenons, malgré vent et marée, les

êtres qu'il m'a plu de m'approprier. Personne
ne m'y forçait, c'était à moi de ne pas me
mettre en avant pour reculer au premier re-
vers. Que dirait-on du père Fournier? que
c'est par fainéantise et poltronnerie, qu'il
manque à des engagemens sacrés pris envers
l'infortune! Morbleu! j'aime mieux travailler
dix-huit heures par jour que de donner une
telle idée de moi. Il y avait bien un peu d'a-
mour-propre dans ce raisonnement, mais
que font les considérans quand ils amènent
de si honorables résolutions. Quelque fussent
le courage et la persévérance du père Fournier, il ne put pourtant gagner assez pour
subvenir aux besoins de sa nombreuse famille. Le commerce était à bas, le pain cher
ce qui faillit décourager le brave homme
quand un beau jour sa femme lui dit :

— Je viens de trouver une place, médiocre
sans doute mais je n'ai pas le temps de choi-
sir. Vingt francs par mois m'aideront à nourrir nos enfans; Louise me remplacera ici,

c'est elle qui conduira notre ménage, soignera ses frères, et le soir nous nous réunirons
tous pour jouir quelques instans du bonheur
d'être ensemble. Le bon Fournier ne put retenir ses larmes en considérant l'abaissement
dans lequel ils allaient vivre ; sa femme,
cordon bleu s'il en fut, réduite à faire tout
un ménage pour vingt francs par mois ! cela
valait bien *le fiacre jaune et les deux rosses.*
Il avala encore cette humiliation comme on
finit le breuvage qui doit vous soulager, malgré son amertume. Grâce à ce double effort
la famille s'éleva tant bien que mal.

Louise, de son côté déploya pour aider
et servir ses bienfaiteurs toutes les ressources de son précoce génie. Sa bonne volonté
tripla ses forces et cette jeune fille qui n'avait
pas douze ans, trouva moyen de blanchir,
repasser et racommoder la maisonnée tout
en faisant la cuisine très passablement d'a-
près les ordres de la bourgeoise. La pauvre
petite cherchait encore à imiter sa mère

pour ce qui regardait ses frères et sœurs;
elle se rappelait à merveille les conseils
qu'elle en avait reçus et tachait de les repro-
duire de son mieux!... mais que peut un men-
tor de douze ans?

— Ne fais donc pas tant ta chipie, lui disait sa sœur, espiègle très difficile à guider ;
est-ce que tu es plus que nous, pour nous
moriginer? c'est bien assez des surveillantes
de notre école sans que tu t'en mêles aussi.

Les garçons ne sont pas plus dociles ; enfin,
c'est en pure perte que la pauvre Louise
étale le fruit de ses observations et de ses
souvenirs. La mère Fournier est beaucoup
trop douce pour user de son autorité : peu
habituée au rôle de mère qu'elle n'avait fait
qu'usurper, il lui est impossible de déployer
une sévérité indispensable dont elle ne sent
pas même l'importance. Son mari, toujours
absent, ne veut pas qu'on gronde quand par
hasard il est chez lui; de sorte que bientôt
la turbulence et l'entêtement de ces malins

enfans n'a plus de bornes. Les époux Fournier se dépitent ; Louise pleure, ce qui ne remédie à rien.

— Comment diable faisait donc leur mère ? dit Fournier, quand elle vivait on ne les entendait pas broncher !

C'est que la blanchisseuse, élevée à l'école du malheur, ne passait pas la plus petite faute et pour n'avoir pas à punir toujours, elle était sans pitié : sur une légère infraction au règlement prescrit, elle infligeait une privation d'autant plus sensible qu'on avait peu de chose à retrancher. Si le fait était assez grave pour mériter une correction, la tendre mère, dure à elle-même, s'en chargeait encore, malgré les déchiremens de son cœur, bien sûre que la colère ne l'entraînerait pas hors des gonds et que son enfant ne recevrait que ce qu'il pourrait supporter facilement ; la menace de prévenir le père, rangeait tout le monde au devoir, car on savait qu'il était violent et peu maître de lui.

Aussi les larmes se séchaient comme par en-
chantement quand paraissait le terrassier.
Ici, au contraire, les enfans ne craignent
rien ; jamais on n'a tenu envers eux la menace d'une punition ce qui fait qu'ils retom-
bent sans cesse dans les mêmes fautes.

La pauvre Louise concourt encore à la dé-
moralisation générale par son angélique
bonté ; jamais elle n'a le courage d'accuser
un seul des méchans qui la font enrager
tout le jour et rient de ses larmes. Elle se sou-
vient que sa mère lui disait : « Ne dénonce
pas tes frères, c'est le plus grand des péchés ;
fais tous tes efforts pour les ramener au bien,
et si tu n'y parviens pas, Dieu te saura gré
de l'avoir tenté. » Cette maxime, très bonne
en général, était pourtant mauvaise en particulier, puisqu'elle servait à dissimuler des
défauts qui bientôt devinrent insupportables.

La sœur de Louise venait aussi de faire sa
première communion, ce qui permit de la
remettre en apprentissage. Placée chez une

couturière, elle fut renvoyée dès le second
mois à cause de son peu d'aptitude et de son
impertinence. Un autre essai ne fut pas plus
heureux et l'enfant revint encore après quelques jours d'épreuve. Une blanchisseuse du
voisinage consentit à la prendre si la mère
Fournier voulait aussi lui donner Louise,
parce que, dit-elle, *je regagnerai sur l'une
ce que je perdrai sur l'autre.* Les époux
Fournier se refusèrent d'abord à cet arrangement, mais une petite maladie que fit la
femme lui enleva sa place; alors Louise pria
instamment qu'on la laissât travailler puisqu'on ne lui demandait que deux ans de son
temps, tandis qu'on en prenait quatre à sa
sœur. Il fallut bien se résoudre; Louise, en
raison de sa délicatesse, devint repasseuse,
et sa grosse sœur blanchisseuse de fin.

Ce nouvel arrangement ne fit qu'accroître
la gêne de la maison Fournier; il y avait toujours sept personnes à nourrir et une seule
qui gagnât : encore les fiacres étaient-ils en

grande défaveur par l'émission de nouvelles voitures à un cheval, plus propres, plus commodes et moins coûteuses. La mère Fournier réinstallée chez elle, vit avec effroi ce qu'il fallait de force d'ame pour élever une famille; elle avait beau crier, se fâcher, on ne l'écoutait nullement.

— Que faire, disait-elle en se plaignant à de bonnes voisines.

— *Mettre tout cela aux Eufans Trouvés,* dirent ces charitables femmes; c'est le seul moyen de vous en débarrasser.

— Je n'en aurai jamais le cœur, reprenait en pleurant la mère Fournier, et d'ailleurs mon homme n'y consentirait pas !

— Fi donc ! disait aussi Fournier auquel on avait tenu le même langage; des êtres qui ont mangé mon pain, qui ont couché sous mon toit, qui me nomment leur père !.... Tiens femme, dit-il un jour que les finances étaient au plus bas; il me vient une idée : puisque j'ai fait tant de pétitions pour les autres, pourquoi n'en ferais-je pas à l'occasion de mes pauvres orphelins?

— Tu as raison, répondit la femme, c'est un peu vexant tout d'même après nous être vus si bien, tendre la main...

— Cela vaut encore mieux que d'abandonner ces pauvres petits, reprit Fournier, ainsi donc à la besogne, il n'y a que les honteux qui perdent!

Aussitôt dit, aussitôt fait; l'éloquent pétitionnaire exposa d'une manière très claire sa position et celle de ses enfans adoptifs, suppliant qu'on prît sa demande en considération et qu'on l'aidât à continuer ce qu'il ne pouvait achever seul. Après avoir transcrit plusieurs fois la même chose, il en remit un exemplaire à la liste civile et deux autres dans des bureaux de bienfaisance. Son attente ne fut pas trompée : on répondit avec empressement à l'appel d'un homme vertueux et des secours assez abondans lui furent accordés après les informations d'usage.

— Dieu nous protége . dit Fournier ,
apparemment que nous lui avons été agréables .

Et redoublant d'ardeur il remonta sur son
siége avec moins de répugnance qu'à l'ordinaire.

Quelques mois se passèrent fort doucement;
les garçons allaient à l'école, les filles au
travail; il ne restait à la maison que Petit-
Pierre qui divertissait la mère Fournier par son
esprit et sa malice ; mais hélas! le repos est
bien précaire avec cinq enfans! Ce même
Petit-Pierre, tant aimé de Fournier, dont il
est toujours le bijou, tombe tout-à-coup dans
une tristesse inaccoutumée : son teint pâlit,
il maigrit à vue d'œil sans qu'on puisse devi-
ner ce qui le met dans un si fâcheux état. Un
médecin est consulté, il donne des ordon-
nances qu'on suit ponctuellement et l'enfant
n'en va pas mieux; plus de sommeil pour la
mère Fournier : nuit et jour près de son cher
malade, elle refuse même de le confier à sa

sœur Louise, qui au retour de sa journée veut absolument le soigner.

— Il ne boirait pas avec toi, dit la brave femme, et puis demain tu es obligée d'aller à la besogne, va dormir ma fille.

Elle en dit autant à son mari, le tout pour remplir elle-même le devoir que son cœnr lui impose.

— Vous devriez bien faire porter ce petit à l'Enfant-Jésus, dit une commère, n'allez-vous pas vous détruire le tempérament pour un enfant qui n'est pas à vous?

— Pas à moi! reprend la mère Fournier indignée, à qui donc est-il? le pauvre petit à oublié son autre mère, il ne connaît plus que moi et je le mettrais à l'hôpital ? Non, non, tant que j'aurai deux sous ce sera pour lui.

Petit-Pierre était, depuis qu'il souffrait, l'objet de sa prédilection ; la moindre de ses paroles se répétait comme une merveille, ses désirs s'exécutaient à l'instant même ; mais que peuvent l'amour, les soins, le dévoû-

ment des mortels contre la volonté suprême!
Petit-Pierre était condamné par elle, il mourut après six mois de langueur. Le père et
la mère Fournier furent inconsolables de
cette perte et pourtant il leur restait quatre
enfans. Celui qui vous est enlevé, devient le
meilleur ; on oublie ses défauts pour ne se
rappeler que ses qualités, aussi ne parla-t-
on pendant bien longtemps que de la gentillesse de Petit Pierre, de sa gracieuse figure,
et de la supériorité de son esprit qui devait
à la fin le faire mourir *car il en savait trop
pour vivre.*

Avec la maladie et la perte prématurée de
Petit-Pierre ne devaient pas finir les tribula-
tions de la mère Fournier. Obérée par le surcroît de dépense que lui avait occasionné ce
triste événement, elle vit bientôt augmenter
sa gêne par un accident arrivé à l'aîné des
frères de Louise : cet enfant, jouant avec
d'imprudens camarades, reçut de l'un d'eux
une poignée de sable dans les yeux ; ses cris

attirèrent quelques passans qui le ramenè-
rent à la mère Fournier dans un état déplorable. Encore un médecin, encore des traite-
mens et toujours des chagrins! Cependant
cette brave femme redevint garde-malade
avec autant d'ardeur que pour Petit-Pierre.

— Si j'aimais mieux l'autre, dit-elle, ce
n'est pas une raison pour négliger celui-ci; il
est sous ma protection comme son frère :
je lui dois les mêmes soins.

Une crainte horrible vint bientôt la saisir; le
médecin lui déclara que l'enfant risquait de
perdre la vue.

— Mon Dieu ! s'écria-t-elle en joignant
les mains, prenez pitié de nous; ce pauvre
enfant est perdu s'il devient aveugle car je
n'ai plus rien à lui laisser.

Soit l'art du médecin, soit la Providence
qui veille sur les infortunés, toujours est-il
que l'enfant ne perdit qu'un œil ce qui fut
regardé comme une grâce surnaturelle.

Le docteur qui avait été appelé pour soi-

gner les enfans de la mère Fournier, s'intéressa considérablement à cette pauvre famille;
il crut longtemps que les enfans appartenaient
en propre au cocher de fiacre, et il s'émer-
vaillait que l'on pût, avec un si mesquin équipage, nourrir sept personnes, sans compter
les chevaux qui devaient aussi avoir leur
pitance sur le produit de la journée. Le hasard lui apprit l'histoire du malheureux terrassier et de sa femme, et la généreuse
adoption des enfans par les époux Fournier.
Il n'en parla pas à celle qui avait pu faire
une si noble action, dans la crainte de la blesser; il trouvait avec raison qu'un compliment
oiseux ne doit être d'aucun prix pour de tels
cœurs; mais quand il fut question de prendre
des arrangemens pour le payement de la
cure presque miraculeuse qu'il venait d'o-
pérer, ce digne homme dit à madame Fournier :

— J'espère, madame, que vous ne vous
êtes pas arrogé le droit exclusif de faire le

bien, et qu'il me sera permis de m'associer pour une infiniment petite part à la grande œuvre que vous avez entreprise. A dater de ce jour, je m'intitule le médecin ordinaire de la famille Fournier-Blanchard, m'estimant plus fier de ce titre que de la plus haute dignité.

— Il y a de bonnes gens partout, disait la mère Fournier en racontant ce que nous venons de rappporter ; on dit les médecins si durs! en voilà un qui me raccommode avec tous. Dieu nous garde pourtant, d'avoir souvent recours à son obligeance car je sais ce qu'il en coûte même en ne le payant pas.

Louise désespérée des malheurs qui sem-blaient fondre comme par suite d'un mauvais sort sur sa famille, ne songea qu'à soulager à quelque prix que ce fût sa généreuse bien-faitrice : déjà experte dans son art, elle rem-plissait si bien sa tâche, que la maîtresse chez laquelle elle travaillait lui accorda trente sous par semaine de gratification. Les journées commençaient à six heures du matin et finissaient à huit du soir ; Louise eut l'idée de se rendre au travail une heure plutôt et de rester le soir jusqn'à dix, ce qui ajoutait quinze sous par jour aux cinq qu'on lui donnait. Six francs par semaine au bout de dix-huit mois d'apprentissage, parut une fortune à Louise qui, consultant plus son courage que ses forces, exécuta ce que son cœur lui avait fait concevoir. Elle rapporta donc très régulièrement ses six francs chaque samedi, toute heureuse d'offrir ce tribut de tendresse et de reconnaissance à sa mère d'adoption.

Cependant ses joues se creusent, sa taille, beaucoup trop élevée pour son âge, se courbe d'une manière inquiétante ; son teint tour-à-tour pâle et animé a quelque chose de terne qui afflige. Souvent le mal que cache la jeune Louise devient si violent qu'elle est obligée de suspendre son travail : elle ressent d'horribles douleurs dans le dos qui l'empêchent

absolument de remuer les bras et de tenir le
fer. Bientôt elle à le chagrin cuisant de se voir
forcée d'abandonner le petit bénéfice qui
lui était si agréable et si nécessaire mais elle
peut à peine remplir le temps qu'elle doit à sa
maîtresse.

A quelques temps de là une toux sèche la
saisit et lui enlève le peu de forces qu'elle
avait.

— Reste ici mon enfant, lui dit tendrement la mère Fournier, il y aura toujours
du pain pour toi. Tu ne peux sortir dans cet
état ; c'est un rhume qui passera ; on en sera
quitte pour rendre plus tard à ta maîtresse le
temps que tu lui devras. La jeune fille tourne
la tête en signe d'incrédulité ; elle sent qu'elle
a plus qu'un rhume et que son heure est aussi
arrivée ; sans manisfester ses craintes, elle
accomplit tous ses devoirs de religion et se
conforme aux conseils de la mère Fournier,
qui croit fermement à une indisposition pas-
sagère. Le mari plus clairvoyant engage sa

femme à recourir au bon docteur qui à tiré d'affaires un des cinq orphelins ;

— Ne négligeons rien, dit-il sérieusement, nous serions si malheureux s'il nous fallait aussi perdre Louise.

— Perdre Louise ! répète la femme avec effroi, ma Louise !.. la fille de mon cœur ! ah ! plutôt mourir moi-même !... et la pauvre femme court chercher le docteur qu'elle supplie les larmes au yeux de venir voir sa fille chérie. En apercevant la jeune malade, le médecin recule presqu'épouvanté.

— Pourquoi avoir attendu si longtemps, dit-il, en écoutant le cœur et en sondant le dos et la poitrine. La mère Fournier ne perd pas une de ses paroles, interprête ses regards et le reconduit jusques dans la rue pour l'interroger, les réponses du docteur sont peu rassurantes.

— L'état de cette jeune fille, dit-il, est très alarmant, sa maladie peut durer fort longtemps, encore n'est-il pas sur qu'on la sauvera; un des poumons est complètement détruit, l'autre n'est pas sain ; si j'ai un conseil à vous donner, chère dame, continue-t-il, c'est de solliciter une admission dans quelqu'hôpital ; je m'emploierai de toute mon ame à placer votre intéressante malade le mieux possible et à la recommander vivement.

— Ma Louise à l'hôpital, reprit la femme Fournier, d'un air déterminé, non ! Monsieur tant que mon homme pourra guider un cheval, ou qu'il me restera une nippe à vendre, je la garderai chez moi ponr la soigner moi-même. J'ai des effets Monsieur, ils y passeront tous... mais parlez, que faut-il faire pour essayer de la sauver.

— Puisque vous le voulez, répondit le docteur, je vais vous prescrire le régime à suivre et les médicamens nécessaires à son état ; tout cela du reste sera peu coûteux, avec un mot de ma main vous obtiendrez les remèdes que j'ordonnerai, au dispensaire de l'arondissement. Le plus pénible pour vous sera sans contredit de suivre de l'œil des souffrances que vous ne pourrez probablement pas atténuer, de voir croître fatalement un mal impossible à vaincre et de perdre à la fin celle que vous aimez tant.

La pauvre femme fut atterée de la sentence portée contre sa chère Louise : ses sanglots aux premières questions que fit son mari lui confirmèrent ce qu'il ne redoutait que trop.

— Patience dit-il, Dieu nous éprouve; il veut peut-être nous punir de la préférence que nous avions pour Louise et Petit-Pierre, afin de nous montrer que les malheureux ont tous les mêmes droits à nos secours , à notre affection! Si, comme le pensa le père Fournier, il y eut épreuve , assurément elle fut cruelle! voir souffrir des jours . des nuits , des mois, des années,un être qui vous est cher, ne reculer devant aucun sacrifice pour racheter sa précieuse existence , intercéder

sans cesse le Tout-Puissant en sa faveur, suivre avec anxiété la marche du mal, s'attendre à tout moment à une dissolution qu'on
redoute comme la foudre, telle fut pendant
près de deux longues années la vie des époux
Fournier. Le mari travaillait le plus possible,
la femme se défaisait à mesure des objets de
valeur qu'elle possédait, et tout était employé à l'entretien de la maison et à subvenir aux caprices de la pauvre malade, à laquelle on ne savait rien refuser.

L'aîné des garçons qui avait manqué
perdre la vue, n'avait pu se remettre encore
et quoiqu'il fût hors de doute qu'un des yeux
serait sauvé, il était trop affaibli pour s'en
servir sitôt. La fille avait encore quelques
mois à faire de son apprentissage et le plus
jeune frère allait à l'école. Par cette réca-
pitulation, on voit clairement qu'aucun
d'eux ne gagnait même son pain. Le père
Fournier avait eu recours à de nouvelles
pétitions; de très légères offrandes en avaient

été le résultat. Plus l'état de Louise empirait et plus la gène se faisait sentir autour d'elle. Un jour le docteur vint la voir : il trouva la mère Fournier en larmes parce que Louise avait désiré ardemment des petits pois hors de saison qu'on avait été obligé de lui refuser faute d'argent : ils coûtaient six francs le litre. Dans le courant de la journée, un commissionnaire apporta des petits pois sans dire de quelle part. La brave femme Fournier le devina et rougit d'avoir montré sa faiblesse, mais elle assaisonna avec bien du plaisir ce mets que désirait tant sa pauvre malade. Une autre fois on lui remit un paquet volumineux qui contenait du sucre, du chocolat et une infinité de friandises appropriées à la maladie de Louise. Lorsque vint le docteur, on voulut le remercier

— Vous vous trompez, répondit-il, je ne suis en cela qu'un intermédiaire ; malheureusement ma nombreuse famille et mes faibles moyens me privent de secourir l'infortune autrement que par mes soins. Ce que vous avez reçu, vient d'une personne à laquelle j'ai parlé de vous et qui m'a chargé de vous offrir de sa part tout ce dont vous pouvez manquer, même de l'argent ; voici cinquante francs qu'elle vous envoye pour vous témoigner l'intéret qu'elle prend à vous.

La mère Fournier serra précieusement cette petite somme et la consacra dans sa pensée a payer les nouvelles fantaisies de Louise. Hélas ! ce bonheur lui fut refusé : la jeune vierge s'éteignit le soir même en buvant un verre d'eau sucrée.

Jamais chagrin plus amer ne fut éprouvé ! Les époux Fournier ainsi que le reste de la famille Blanchard passèrent la nuit en larmes auprès du corps inanimé de leur chère Louise. La mort prématurée de cette intéressante fille, ses longue souffrances firent une vive impression sur l'esprit de sa sœur et de ses frères. Tous sentirent qu'il y a une puissance infinie qui dispose à son gré de

notre être et qu'il fallait tâcher de se la
rendre favorable. Ils apprécièrent aussi les
vertus de ceux qui s'étaient si généreusement sacrifiés à eux. Un trépas fait plus réfléchir que la plus longue vie et cette nuit de
deuil où l'on pria près d'une bière, ramena
à la raison trois enfans insubordonnés, mais
sans méchanceté aucune. Quand il fut question de l'enterrement, la mère Fournier déclara qu'elle voulait une grande messe et
un terrain à part. La Providence m'a envoyé
cinquante francs, dit-elle, c'était sans doute
pour que le corps de cet ange ne se mêlât pas
avec les impies. Sans cet argent qui m'est
tombé du ciel, je n'eusse pu le faire, ayant
vendu ou engagé tout ce que j'avais de plus
beau et de meilleur. Honneur à la bienfaisance inconnue ! c'est à elle que je dois aujourd'hui la seule consolation qui puisse me
toucher !

Louise, aimée et respectée de tout le
peuple du Gros-Caillou, fut enterrée avec

une pompe tout-à-fait inusitée dans cette classe ; pour honorer sa piété, toutes les jeunes filles suivirent son convoi, ornées de fleurs et de rubans blancs. Pendant qu'on rendait les suprêmes honneurs à la vertueuse Louise, le père et la mère Fournier s'abandonnaient à leur désespoir,

— Je n'aurai plus le courage de travailler disait le pauvre cocher. puisque Petit-Pierre et Louise nous ont été enlevés.

— Ni moi, répondit la femme, je ne soutenais gaîment ma misère que pour la dissimuler à Louise ; maintenant qu'elle n'a plus besoin de moi. je m'en irai je ne sais où plutôt que de vivre aussi misérablement.

— Si tu le veux femme, reprit Fournier, nous chercherons un emploi quelconque ; portiers par exemple... pour deux il ne faut pas grand' chose !

A peine achevait-il ces paroles que trois enfans entrèrent en pleurant.

— Papa, maman, dirent-ils, pardonnez-

ious notre conduite passée ; puisque Louise
st morte, nous voulons la remplacer et de-
enir si sages et si laborieux qu'à nous trois,
ous puissions vous la rendre.

Le père et la mère, attendris, pressèrent
ans leurs bras les pauvres orphelins.

— Dis-donc femme, articula à demi-voix
e père Fournier en sanglottant, je m'en vais
aire une demi-journée car vois-tu nous som-
es cinq.

Comme la petite famille l'avait promis,
lle devint docile et laborieuse ; la jeune ap-
rentie–blanchisseuse contenta sa maîtresse
resqu'à l'égal de sa sœur : le petit borgne
etourna à l'école, apprit bien son cathé-
hisme ainsi que ses autres leçons et le der-
ier ne brisa plus rien de colère comme il le
aisait précédemment. Mais quelques fussent
es sages résolutions des enfans Blanchard,
t les courageux efforts des époux Fournier,
am isère n'en était pas moins à son comble
ans ce triste ménage. L'ouvrage n'allait pas

du tout ; souvent à minuit le pauvre cocher rentrait n'ayant pu réunir ce qu'il devait au maître carossier ; dans l'impossibilité de payer cent cinquante livres de loyer, la mère Fournier se vit obligée de quitter la chambre frottée dont elle était jadis si fière et le jardin, unique divertissement de son mari, pour se loger au quatrième de la même maison, dans un logement mansardé qui ne coûtait que soixante et douze francs; encore dut-elle chercher quelque moyen d'utiliser son temps. Elle prit donc des vêtemens de troupes à confectionner, et passa, pendant tout un hiver, la moitié des nuits à cette occupation peu lucrative. Eléonore sa dernière fille l'aidait au retour de sa journée mais son état était si fatigant que la pauvre enfant tombait de sommeil sur le pantalon ou le gilet qu'elle s'efforçait de coudre

Encore, quelques semaines et la jeune Eléonnore, quitte de son apprentissage, gagnera trente sous par jour.

— C'est un beau denier, lui dit la mère Fournier, avec cela tu pourras te tirer d'affaires.

— Dites donc vous soulager, ma bonne mère, lui répondit la petite, car je n'aspire qu'à vous rendre un peu du bien que vous nous avez fait. Trente sous de mon côté, vingt sous du vôtre et ce que papa rapporte, nous suffira pour l'instant; plus tard je m'établirai; mes frères auront des états et vous bonne mère, vous ne ferez plus rien.

C'est au milieu de ces ambitieux projets, que la fortune adverse se manifesta de nouveau. Un soir qu'il faisait du verglas, le fiacre jaune se renversa en descendant les quais. Fournier qui ne s'attendait pas à cette secousse, eut le bras droit cassé, et les deux personnes qu'il conduisait furent assez grièvement blessées. Le pauvre cocher, lorsqu'on le releva, vit de suite la gravité de son état.

— Où faut-il vous mener, brave homme,

demandèrent ceux qui l'avaient recueilli ?

— A l'hôtel-Dieu, s'écria-t-il sans balancer ; une fois là , pensait-il en lui même, ma
pauvre femme sera bien forcée de m'y laisser
jusqu'à guérison. Si au contraire je retour-
nais chez moi, elle voudrait me garder et se
déferait du peu qui nous reste.

Qu'on se figure le chagrin de la mère Fournier quand on vint lui annoncer cette funeste
nouvelle ; il était quatre heures, les hôpitaux
allaient fermer ; elle dut attendre le lendemain pour porter des consolations à son
infortuné mari qui souffrait pendant ce temps
tout ce qu'on peut imaginer. Le jour d'après,
dès que les portes s'ouvrirent, femme et
enfans entourèrent le lit du patient avec les
démonstrations de la plus vive tendresse ; que
de larmes furent versées sur l'accident et sur
ses suites.

— Mon pauvre homme à l'hôpital, répétait la femme Fournier, en se pressant le

front de ses deux mains, qui me l'aurait jamais dit !

— Trop heureux d'y être, reprit le père Fournier ! quoi de plus beau que ces magifiques établissemens ou le pauvre reçoit des secours sans lesquels il mourrait misérablement. Ici tout est sain, propre et bienfaisant, rendons grâces à Dieu de pouvoir participer à de tels bienfaits au lieu de nous en plaindre ; ne soyons pas ingrats envers lui, si nous voulons qu'il nous protége.

Un peu remontée par la touchante exhortation de son mari, la femme Fournier s'éloigna l'ame plus calme ; mais lorsqu'à son modeste souper elle chercha vainement celui qui depuis vingt-trois ans, l'avait aimée, servie, encouragée, il lui sembla qu'il était mort aussi et ses larmes coulèrent en abondance. Cependant la pauvre femme n'était pas au bout de ses peines ; le bras de son mari s'était cassé à deux places, et quelle que fût l'habileté du chirurgien, il ne put y remédier que par l'amputation.Fournier eut encore le courage de cacher cela à sa femme.

— Si je ne dois pas la revoir, se dit-il, je veux au moins lui épargner l'angoisse de la peur.

On lui écrivit,sous sa dictée,une lettre de tendresse, à laquelle un élève qui le soignait devait ajouter avant de la mettre à la poste, à l'issue de l'opération si elle réussissait : *il est sauvé venez le voir.* Cefurent les seuls mots qui frappèrent les yeux de la pauvre femme.

— Sauvé ! s'écria-t-elle en se précipitant vers la rue.....Il était donc en danger ?

Puis, elle ne fit qu'un saut du Gros-Caillou à l'Hôtel-Dieu ; Fournier en effet ne courait plus aucun risque, mais il avait perdu le bras droit !....

Dans le premier moment la femme Fournier ne fût sensible qu'au bonheur de revoir son époux ; l'idée du péril auquel il avait été exposé, des souffrances qu'on lui avait fait endurer, la glaçait d'horreur ; elle ne pouvait se rassasier de le regarder ! lui même se laissait doucement aller au plaisir de vivre et de retrouver tout ce qu'il aimait.

Ainsi s'effectua sa longue convalescence : de retour chez lui et la première explosion de joie passée, les réflexions vinrent en foule et les soucis à leur suite.

— Que va-t-on faire désormais ? plus de possibilité de remonter le fiacre jaune, un bras de moins !.. Il n'y a pas d'équipage quelque mince qu'il soit, qui puisse se conduire d'une main : *je me mettrai commissionnaire,* dit Fournier, mais se souvenant qu'il fallait deux bras pour porter aussi bien que pour conduire, il renonça à cette idée.... *Charbonnier?..porteur-d'eau..?* La même difficulté se présentait.

— Nons travaillerons pour vous papa ! dirent en l'embrassant les trois enfans que le ciel lui avait confiés.

— Je gagne trente sous , dit fièrement Éléonore, et ma maîtresse m'en promet cinq d'augmentation l'année prochaine si je me mets au repassage. Soyez tranquille cher papa je suis sûre que je les aurai.

— Moi, interrompit l'aîné des fils, je me mettrai en service dès que j'aurai fait ma première communion; on m'a dit que les petits garçons étaient fort recherchés pour faire des laquais de luxe, et j'ai déjà parlé au docteur pour qu'il me trouve une place. A propos je lui ai dit aussi que vous nous étiez rendu et il doit venir vous voir.

—Et moi donc! ne me croit-on bon à rien? s'écria le plus jeune des enfans âgé de neuf ans; tu cherches une place toi, ajouta- t-il en interpellant son frère, et bien j'en ai une : le traiteur qu'est là au coin de notre rue, m'a dit que si je voulais aller servir le dimanche, le lundi et le jeudi chez lui, il me donnerait à souper et vingt sous par fois; c'est ben gentil trois francs par semaine et encore il y a des profits.

— Chers, chers enfans, dit Fournier, touché jusqu'aux larmes de cette noble émulation, vous m'aimez donc bien?

— De tout notre cœur, cher papa ; répondirent-ils tous trois, n'êtes-vous pas notre père, notre bienfaiteur!

— Je travaillerais plutôt jour et nuit, ajoutèrent les deux aînés, que de vous voir manquer de quelque chose!

— Moi reprit le plus jeune je demanderais l'aumône à deux genoux s'il le fallait!

— Mes amis, reprit Fournier en pressant sur son cœur sa famille d'adoption, ce moment me dédommage de tous mes sacrifices et me fait oublier mes maux ; du courage…! J'ai quelque chose qui me dit au fond du cœur *que Dieu ne nous abandonnera pas.*

On se remit au travail avec plus d'acharnement que jamais, la mère Fournier avait parlé de se replacer; mais elle était d'un âge où la fatigue est à craindre ; d'ailleurs le plaisir de passer tout son temps auprès de son cher mari, l'emporta, elle continua donc à faire tranquillement le plus de gilets et de pantalons possible ; Éléonore savonna à force ; Baptiste servit chez le traiteur et le petit borgne attendit impatiemment le jour ou il pourrait apporter son contingent à la bourse commune. Fournier dans son malheur retrouva des amis : les mêmes invalides qui, au temps de sa prospérité, venaient quelquefois manger sa soupe, s'en ressouvinrent : à leur tour ils voulurent partager avec lui leur bien-être. Fournier s'y refusa d'abord, mais le plus intime lui dit :

— N'es-tu pas invalide comme nous? C'est un malheur si ton état t'exclue de l'hôtel ; mais ce n'est pas une raison ; nous étions amis nous devenons confrères puisque j'ai aussi un bras de moins : laisse-moi faire, mon vieux ; nous v'là six qui nous cotiserons ; entre nous tous nous ferons ta portion et hors le loge-

ment et l'habit, tu jouiras de tous nos avan-
t e g.

On n'écouta pas les refus de Fournier, et
l'un d'eux lui apporta chaque jour sa pitance. Par l'entremise de ces bons amis, la
femme Fournier eut encore la facilité d'acheter pour très peu d'argent des portions de
viande, de pain et de vin,si bien qu'elle put
nourrir sa famille à très peu de frais.

— Vois comme le bon Dieu est bon,disait
Fournier en regardant les provissions de
bouche étalées sur son buffet : nous vivons
comme des seigneurs, grâce à l'obligeance de
mes braves et dignes amis! Il eut dû ajouter
et à notre sublime conduite qui nous attire
l'admiration et le respect de tout le monde.

Le docteur était l'un des habitués de la maison Fournier : à la moindre indisposition d'un
de ses membres, il accourait plein de zèle ;
jamais riches ne furent soignés avec plus
d'assiduité et d'affection. Ne vous inquiétez

pas, mère Fournier, disait le bon docteur,
Dieu veille sur les gens vertueux.

— Je ne dis pas non, répondait-elle, car
nous aurions pu être bien plus éprouvés et
dans ce moment-ci avec beaucoup d'ordre et
d'économie nous parvenons à vivre tous du
travail de trois seulement. Le point difficille
pour nous c'est le loyer! réunir une petite
somme nous est impossible quelqu'effort que
je fasse; j'ai pourtant diminué cette charge
autant que je l'ai pu.

— Il faut reprit le docteur, chercher une
place de concierge; cela obviera à cette
gêne.

— Où la trouver? demanda la femme Fournier.

— Laissez-moi faire répondit le docteur,
je vais m'en occuper.

Il paraît que, malgré la bonne volonté de
leur ami, la chose ne fut pas facile, puisque
près de trois mois se passèrent sans qu'il en
reparlât. Eux-mêmes s'était enquis à ce sujet

sans être plus chanceux. Là on ne voulait pas d'enfans quelque fût leur âge; ici la loge était si petite, qu'on ne pouvait y placer qu'un lit. Ailleurs il fallait un concierge qui fût à la fois jardinier, portier et domestique. Le moyen de servir à table avec un bras de moins. Une belle place fut offerte : douze cent francs pour le double service de la porte et de la voiture; hélas, se dit le pauvre Fournier, ce que c'est que de ne plus être au complet.

— Oh! si jétait plus grand, ajouta Baptiste; pour conduire, un seul œil doit suffire, pas vrai papa?

— Oui mon ami, mais un bras de moins c'est trop court.

On désespérait presque de trouver à se caser lorsque le docteur vint une après midi les voir.

— Bonne nouvelle, leur dit-il en les abordant; d'abord voilà pour payer votre terme c'est encore une offrande de la charitable personne qui déjà vous a envoyé cinquante francs dans une bien triste circonstance. Les époux Fournier changèrent de couleur en se rappelant leur chère Louise. Quelques larmes brillèrent dans leurs yeux lorsqu'ils reçurent l'espèce d'aumône qu'on leur faisait.

— Ce n'est pas tout, continua le médecin, cette personne arrive de la campagne où elle passe ordinairement sept à huit mois de l'année. Dès qu'elle se fût informée de l'honnête famille à laquelle j'avais eu le bonheur de l'intéresser jadis, je lui ai fait le récit du funeste accident qui vous est survenu. « Pauvres gens, s'est écriée cette excellente dame, que font-ils maintenant ? » La mère et les enfans travaillent, ai-je répondu, pendant que je cherche pour eux une place qui du moins les exempte d'un loyer qu'il ne peuvent payer.

« J'ai çe quil leur faut, a dit de suite cette sensible dame, envoyez-moi vos protégés, je serai trop heureuse de contribuer un peu au bien-être de telles gens. »

Les époux Fournier après s'être habillés décemment et la joie au cœur, suivirent le docteur qui les présenta incontinent à la dame en question. Ce fut avec un bien vif intérêt que l'on entendit de leur bouche l'histoire de de leur vie quoiqu'ils y missent toute la modestie imaginable. Le fait de l'adoption de cinq enfans n'en parut pas moins digne du plus haut intérêt, comme d'avoir perseveré dans cette sublime entreprise, après s'être trouvés eux-mêmes sous le coup de l'adversité.

— Le docteur avait raison, dit la dame, quand elle les eut suffisamment fait causer ; maintenant, leur dit-elle avec un air de bien veillance, voici ce que je vous offre.

— J'ai à vingt lieues de Paris une maison de campagne que j'habite les deux tiers de l'année ; comme j'emmène tout mon monde quand je la quitte, elle reste abandonnée aux soins d'un jardinier que ses occupations tiennent souvent éloigné ; je vous prends en qualité de concierges ou pour mieux dire de gardiens ; vous irez vous et votre femme vous y installer avec six cent francs de traitement, le logement, le chauffage, l'éclairage et toutes les douceurs qu'offre un grand jardin. Cela vous arrange-t-il? Les deux époux se regardèrent sans répondre et la dame réitéra la question.

— Hélas? madame , répondit le père Fournier d'un air confus, pouvons-nous profiter de vos bontés sans abandonner les malheureux qui n'ont que nous pour soutien, amis et famille ! un sourire de satisfaction erra sur les lèvres de l'ex-cuisinière.

— Mon Dieu, je n'avais pas songé à ces pauvres enfans, reprit la dame; mais voyons ne pourrions-nous trouver moyen de tout concilier? l'ainée, dites vous, gagne sa vie et pourrait, si elle le voulait, se suffire ; l'un des garçons va faire sa première communion, après quoi, il sera facile soit de le placer, soit de le mettre en apprentissage; en faisant quelque sacrifice d'argent, le troisième pourrait entrer dans quelqu'école pour deux ans seulement.

— Madame est bien bonne, interrompit la mère Fournier, cependant elle ne pense pas à tout. Qui soignera mes petits s'ils sont malades, qui les recueillera si on les renvoie ? et ma Léonore ! elle peut, il est vrai, gagner son pain ; mais qui la guidera dans la vie, qui la préservera du mal et des méchans, qui lui répétéra chaque soir comme moi, *ma fille la vertu seule conduit au bonheur ?* non, madame, nous ne pouvons profiter de votre offre généreuse.

— Écoute femme, dit le père Fournier je vois une chose à faire : tu resteras avec nos enfans et moi j'irai gagner pour vous, ce que cette bonne dame veut bien nous promettre. Six cents francs ! c'est un beau denier il ne m'en faudra pas la moitié pour vivre la bàs ; je vous enverrai le reste.

— Nous séparer, s'écria sa femme avec

vivacité ; plutôt mourir... Et de grosses larmes brillèrent dans ses yeux ; peux-tu bien
me proposer une semblable chose? continuat-
t-elle ; ne sais-tu pas que pour te suivre, je
quitterais père, mère, enfans...! mais au
nom du ciel, ne me réduis pas à manquer au
devoir sacré que m'imposa la Providence
en me léguant ces chers orphelins, laisse-moi
achever mon ouvrage, ne leur enlève pas
leur mère au moment ou elle leur devient le
plus nécessaire. Un torrent de larmes suivit
ce discours, Fournier consola sa femme et
protesta qu'il ferait tout ce qu'elle trouverait
bon. La dame ne put voir sans attendrissement ce combat de générosité.

— Allez, mes amis, leur dit-elle avec émotion, je renonce à mon projet qui n'avantageait
que moi, et je vais chercher quelque chose
qui vous convienne. En attendant, adressez,
vous à moi avec confiance si de nouveaux
malheurs vous arrivent. Elle remit ensuite
cinquante francs à la mère Fournier en la

priant d'accepter cette faible marque de son
estime. « Il est malheureux de n'être pas très
riche, disait cette dame au bon docteur, on
aurait du plaisir à soutenir seule une si intéressante famille. Ne pouvant suivre en cela
le penchant de mon cœur, je vais du moins
tâcher de leur rendre service par mes amis
et connaissances. »

Si les époux Fournier eussent agi comme
cette charitable personne, quelque belle que
fût sa conduite en cette circonstance, et qu'ils
eussentsongé avantd'obliger à la faculté qu'ils
en avaient, nul doute que les orphelins ne
fussent morts de faim ; mais nous le répétons
avec conviction, le pauvre dans sa générosité
ne calcule jamais, il a sur nous cette supériorité incontestable, qui, à mon avis, peut
bien racheter et au delà les imperfections
qui lui sont propres. Quant à notre cocher et
à sa digne compagne, ils sont exempts des
faibles que leur condition semble comporter

et excuser, c'est une de ces exceptions rares et d'autant plus remarquables.

L'opinion favorable que les époux Fournier avaient laissée d'eux fructifia bientôt. Frappée de tant de désintéressement, uni à de si bons sentimens, la dame allait racontant partout l'histoire qui la préoccupait sans cesse, en implorant tout le monde en faveur de ses protégés. C'est ainsi qu'elle fit une collecte, montant à cinq cents francs, qu'elle porta elle même, se faisant à l'avance une fête de la joie que devrait ressentir cette honnête famille. Qu'on juge de son étonnement lorsque Fournier et sa femme reçurent ce nouveau et riche présent la rougeur sur le front et la tristesse empreinte sur leurs traits.

— Qu'avez-vous donc, demanda madame D***, n'êtes vous pas contens que l'on vienne à votre secours.

— Il nous siérait mal, répondit la mère Fournier, de refuser le bien que le ciel nous envoie par vous, et c'est avec une profonde reconnaissance que nous recevons cette nouvelle marque de sa faveur ; mais vous le dirai-je, madame, le moindre emploi nous serait mille fois plus précieux qu'un don aussi considérable dû à la commisération publique et à votre protection.

— Ma bourgeoise à raison, interrompit Fournier ; tout homme de cœur rougit d'une aumône, tandis que le plus vil travail l'honorerait... Ah! si j'avais encore mes deux bras !

A cette amère pensée des larmes roulèrent dans les yeux du cocher. C'était la première fois que madame D*** trouvait cette grandeur d'ame chez des nécessiteux. Bienfaisante par nature, elle s'était souvent employée à de semblables missions sans jamais constater un tel résultat ! Quelque fois même elle avait observé avec chagrin que les dons trop fréquens encourageaient la paresse ; aussi fut-elle bien surprise de la manière dont le produit de sa quête fut accueilli.

Elle vit, qu'il fallait aux gens capables d'une si belle action, plus que la pitié ordinaire, et changeant ses batteries , elle les dirigea toutes vers un but moins vague que celui d'une compassion momentanée. Quelle que fût pourtant sa bonne volonté, elle ne put pendant assez longtemps trouver à caser l'ex-cocher. Ses relations étant fort élevées et fort étendues, elle cherchait toujours une place de concierge dans une bonne maison , lorsqu'un de ses amis devint subitement ministre : lui laissant à peine le temps de s'installer, madame D*** courut chez lui, afin de l'intéresser au sort des époux Fournier.

— Que puis-je faire pour cet estimable couple? demanda le ministre; « leur allouer quelques secours en raison de leur belle conduite. »

— Non, non, repartit madame D***, mais seulement disposer d'un emploi pour le mari.

— Un emploi à un homme qui a perdu le

bras droit, reprit le ministre ; vous n'en ferez certainement pas un expéditionnaire.

— Je n'en ai pas la prétention, reprit madame D*** en souriant, mais avec un peu de bonne volonté je crois qu'on changerait mon ex-cocher en un très bon garçon de bureau ; c'est là que se borne mon ambition ; me refuserez-vous ?

Le ministre voulant entrer en fonctions sous l'influence d'une bonne action, consentit à ce qu'on lui demandait et huit jours après madame D*** porta en triomphe à ses protégés la nomination de Fournier, avec neuf cents francs d'appointement. Lorsqu'elle descendit de voiture elle crut qu'on se trompait de porte parce qu'elle vit une boutique de fruitière qu'elle n'avait pas remarquée trois mois avant : une femme en sortit avec empressement ; c'était la mère Fournier.

— Que vous êtes bonne, madame, s'écriat-elle, en apercevant sa bienfaitrice, de venir encore vers nous après l'espèce d'ingratitude dont nous avons payé vos bontés : cependant nous leur devons une grande satisfaction, celle de gagner honorablement notre vie. Voyez ce petit établissement, nous l'avons monté avec l'argent que vous nous avez si généreusement offert; la crainte de l'avoir mal employé nous a seule empêchés d'aller encore vous remercier. Maintenant que nous sommes certains du succès et que les premières difficultés sont vaincues, nous n'éprouvons plus qu'un besoin, celui de vous en témoigner toute notre reconnaissance.

Madame D*** se fit expliquer avant de parler elle-même, comment les époux Fournier avaient eu l'heureuse idée d'employer la petite somme qu'ils possédaient, en achats relatifs à la fruiterie, comment le propriétaire et les fournisseurs s'y prêtèrent avec un égal empressement et comment enfin les chalands vinrent en foule, attirés par l'envie de contribuer à la réussite de leur louable entreprise.

— Les offres les plus obligeantes nous furent faites, continua la mère Fournier; on nous conseilla de joindre diverses branches à l'industrie que nous avions choisie, telles que la basse épicerie et la poterie, en nous accordant tout le temps qui nous serait nécessaire pour nous liquider; enfin, la bienfaisance publique se montra sous toutes les formes, pour nous aider, en considération sans doute du peu de bien que nous avions été à même de faire à plus pauvres que nous. Vous voyez madame, ajouta-t-elle en terminant son récit, que nous n'avons plus rien à désirer !

— Cependant j'aime à croire, reprit madame D***, que vous ne refuserz pas une place pour votre mari, place que j'ai sollicitée et obtenue d'un ministre de mes amis.

— Cocher d'un ministre ! s'écria Fournier d'un air fier....! un regard de sa femme le rappela à lui-même et à son infortune. madame D*** se hâta d'expliquer qu'il s'agissait d'un service fort doux dans les bureaux ce qui effaça la douleur d'un pénible retour sur une infortune physique, par un élan de joie difficeàil décrire.

— Je gagnerai donc ma vie, disait le bon Fournier avec ravissement et je pourrai soulager les miens au lieu de leur être à charge! ah! madame quel service vous me rendez là.. je sens que je vous devrai une nouvelle existence. Depuis la perte de mon bras je n'étais plus un homme: voir souffrir sa femme, ses enfans et ne pouvoir travailler pour eux c'est un supplice affreux, j'en serais je crois mort de chagrin. Madame D*** heureuse du bonheur qu'on lui devait, s'en retourna comblée des bénédictions de toute la famille car on avait fait venir les trois enfans afin qu'ils mêlassent leurs innocentes voix au concert de remercîmens articulés par les époux Fournier.

Le nouveau garçon de bureau entra en fonctions avec une satisfaction presque comique; il y reprit son ancienne importance et sa dignité personnelle. Il retrouva aussi dans ce poste l'occasion de protéger encore une classe de gens qu'il affectionnait particulièrement : celle des *pétitonnaires ;* seulement il s'effraya de leur nombre dans la crainte qu'il fût impossible de les contenter tous.

— Vous nous avez fait un vrai cadeau dit un jour le ministre à madame D***, votre Fournier est un homme précieux , que je viens d'attacher à mon cabinet : il est d'une exactitude scrupuleuse, d'une intelligence remarquable et d'une probité à toute épreuve. Fournier fut en effet promu à ces fonctions de confiance intime avec cent vingt francs par mois d'appointemens.

Pendant que l'ex-cocher s'attirait dans son nouvel état la confiance de ses maîtres et l'estime de ses égaux, sa femme active, polie et d'une bonne foi irréprochable, augmentait chaque jour son petit établissement. Ses deux jeunes fils n'eurent plus besoin de chercher condition. Pleins de bonne volonté, ils la secondèrent de leur mieux ce qui contribua singulièrement à sa prospérité,puisqu'au lieu de recourir à des étrangers, toujours indifférens et souvent fripons, elle trouva dans sa propre famille des bras qu'il lui eût fallu payer.

Éléonore continua son état, malgré l'envie extrême qu'elle avait de rester à la boutique.

— Non, mon enfant, répondait sa mère adoptive à ses instantes prières ; tu as un état il faut le conserver ; un jour viendra ou tu sentiras le désir de te marier, tu reconnaîtras alors combien j'eus raison de te refuser mon consentement à ce que tu demandes aujourd'hui. Le plus grand bonheur d'une femme de notre classe, est de pouvoir se passer même de son mari et de l'aider si le sort le poursuit. N'oublie pas mon enfant que le travail est le premier des biens puisqu'il nous procure les moyens d'élever notre famille et de secourir celle des gens plus malheureux que nous.

C'est grâce à de pareils principes que la famille Fournier jouit maintenant d'un bonheur parfait. Le père la femme et les enfans travaillent tout le jour avec courage et plaisir; le soir une table ronde couverte de mets s'mples et abondans les réunit. Chacun cause de ce qui l'intéresse : c'est souvent au tour du papa qui aime à raconter ce qu'on fait à son ministère, surtout en ce qui concerne le chapitre des pétitions. La mère Fournier trouve bien aussi moyen de placer l'histoire des gens de son voisinage qu'elle sait par cœur, attendu que sa boutique est le salon de compagnie de toutes les commères du Gros-Caillou, Quelquefois même elle prend sur elle de recommander à son mari certains solliciteurs pour lesquels il est toujours une véritable autorité. Après souper on s'endort paisiblement pour recommencer au point du jour une vie qui ne laissera aucun regret après elle, parcequ'elle est exempte de tout remords.

Le dimanche est une grande fête pour les époux Fournier , chacun peut ce jour-là se livrer à ses goûts particuliers : la messe avant toute chose ; « va, mon vieux, prêche d'exemple, dit la bonne fruitière, c'est le seul moyen de convaincre les autres, et priez tous pour moi que la nécessité enchaîne dans ma boutique. » Le père Fournier se rend donc à l'église avec ses trois enfans , non sans porter sans cesse la main à son chapeau pour rendre à droite et à gauche les saluts dont on l'accable.

— Tiens se dit-on : Voilà ce brave homme qui a recueilli et adopté cinq orphelins , il ne lui en reste malheureusement que trois , mais vois comme ils sont propres, bien tenus, la fille est gentille au moins ! Les garçons ont l'air de vrais messieurs et puis tout cela est si doux , si modeste qu'ils font vraiment plaisir à voir....; et les coups de chapeaux de recommencer de plus belle !

A midi la boutique se ferme. Éléonore qui a repassé et chiffonné toute la ma inée, s'atiffe

de son mieux sans pourtant négliger la toilette de sa chère maman qu'elle voudrait ra-
jeunir en effet pour la conserver plus longtemps ; on mange un morceau seulement car
l'impatience de la jeunesse est si grande
qu'elle lui ôte l'appétit, mais on a soin de
laisser sur la table une pièce de viande froide
et une salade auxquelles on fera grand honneur au retour. Ensuite on s'achemine gaîment vers les Champs-Élysées pour gagner les
Tuilleries et les beaux boulevards ou autres
promenades si agréables à parcourir après
une semaine donnée au travail. Les habitans
casaniers du Gros-Caillou se mettent sur les
portes pour voir sortir ou rentrer cette estimable famille dont les deux garçons courent
et bondissent comme deux jeunes chevraux,
tandis qu'Éléonore donne le bras à son père
adoptif tout en causant gaîment avec la mère
Fournier qui marche à côté d'elle et sourit,
chemin faisant, à toutes ses connaissances.

C'est une bien aimable fille que Léonore,

se disaient un jour les jeunes gens à marier des environs, heureux celui qu'elle choisira.

—Ce n'est pas pour nous que l'four chauffe, reprend un des assistans. Il y a le fils du gros blanchisseur de la rue.**** qui la guigne et je me trompe fort ou nous danserons bientôt à c'te noce là.

— Ma foi tant mieux s'écria la bande joyeuse, ils se conviennent à merveille , des écus d'une part d'la vertu d' l'autre, ça ira bien ensemble.

Le pronostic se réalisa promptement. Éléonore épousa le fils unique d'un des plus riches blanchisseurs du Gros-Caillou qui, en lui, cédant son établissement, ne crut pas devoir lui refuser une bonne femme élevée à l'école du travail et du malheur. Ce mariage compléta la satisfaction des époux Fournier, lesquels ne pouvaient retenir leurs larmes en songeant que cette belle mariée, si fringante avait été sur le point d'augmenter les nombre des enfans trouvés. Dieu en avait ordonné autrement et si dans sa sagesse il lui plut d'éprouver leur constance et leur humanité, ce ne fut que pour les récompenser plus dignement, même en ce monde, en se servant de la cause pour l'effet.

FIN.

GERTRUDE ET CÉLESTIN

GERTRUDE ET CÉLESTIN.

La promenade est un passe-temps de tous les âges comme de tous les pays : peuples civilisés, hordes sauvages, tout le monde se promène ; l'exercice du corps est non seulement un besoin physique mais encore une nécessité morale. Tant qu'un valétudinaire peut se tenir sur ses jambes, il marche et s'en trouve bien; le goutteux, l'asthmatique souffrent moins, s'ils souffrent au grand air, reconfortés par une course appropriée à leurs forces; pour l'ouvrier vigoureux qui use son existence à frapper l'enclume ou à pousser la navette pour tisser les jolies étoffes dont se parent nos belles dames, la promenade est plus qu'une distraction, c'est un repos essentiel qui sert à détendre les nerfs et à donner une nouvelle énergie aux forces vitales des Sysiphes et des Ixions de nos ateliers; le bureaucrate, le négocient, le savant et l'homme de lettres ont également besoin de se promener, car quel que soit le sort ou la profession, il faut à tous de l'air, de la terre et du ciel.

Cependant les promeneurs diffèrent entre eux plus qu'on ne saurait le croire : il est des gens et c'est le plus grand nombre, qui marchent au hasard, seulement pour se remuer, fatigués qu'ils sont de six grands jours d'application et de travail ; d'autres au contraire sortent de chez eux afin de renouveller leurs idées, pour observer, critiquer, ou approuver, avec l'intention de profiter, s'il est possible, de ce qu'il verront de neuf dans leurs courses : ceux-ci s'arrêtent partout, entrent dans les maisons en construction, dans les nouveaux magasins, s'informent chemin faisant des causes qui ont amené tels ou tels effets, et ne sont jamais rassasiés, quant aux considérans dont ils s'enquèrent sur des sujets souvent de nulle conséquence. On appelle ceux-là des flaneurs. Restent les badauds! oh pour le coup, voila une classe qui se propage de plus en plus dans les grandes villes et notamment à Paris : il y a tant à voir, à entendre dans cette cité ! Je dis entendre, car au plaisir que trouve un de ces derniers à regarder lancer un ballon, rouler des quilles, faire l'exercice et couler l'eau, il peut joindre encore celui d'écouter les conversations qui se tiennent dans les jardins publics ou dans tout autre lieu. Il y a de ces conversations qui sont vraiment très originales et qui certes mériteraient d'être connues préférablement à bien des dissertations imprimées ; en voici une que je tiens d'un amateur, habitué ordinaire du Luxembourg, laquelle ayant amené la découverte d'une histoire assez touchante, aura pour cette raison les honneurs de la publicité.

Par une belle après-midi de mai, deux hommes sur la limite de l'âge mûr et de la vieillesse, se promenaient lentement d'un bout à l'autre de la grande avenue allant de l'Observatoire au palais de la Pairie : un troisième individu un peu plus jeune, les suivait à quelque distance pour recueillir sans doute ce qu'ils disaient. Il est vrai que ces deux péroreurs faisaient des contorsions tout-à-fait comiques, s'arrêtaient court, emportés par le sujet et puis reprenaient, toujours en parlant, leur marche mesurée.

— Que veux-tu, mon cher, disait l'un, tous les goûts sont dans la nature.

— Et le meilleur est celui qu'on a, répondait l'autre, d'un air tant soit peut sardonique.

— Je ne dis pas cela en général, reprit le premier interlocuteur, mais tu ne nieras certainement pas que mon goût par exemple ne soit le plus innocent et le plus naturel qui existe : il remonte à la création du monde ; nos pères ne furent-ils pas agriculteurs–nés. Du temps des rois pasteurs, je suppose, personne ne peignait, ne faisait de musique, ni de sculpture, mais on labourait son champ et l'on soignait son verger ; donc l'agriculture est le goût le plus sacré, le plus pur qu'on puisse contracter.

— Mon cher, repliqua gravement l'autre personnage, tu n'es point agriculteur mais bien ce que l'on nomme pompeusement aujourd'hui *horticulteur-amateur*, et cela est fort différent. L'agriculture proprement dite, continua celui-ci, est bien selon moi la plus utile, la première des professions, la plus sainte des industries. Je voudrais qu'un agriculteur fût salué à son passage dans les villes, soutenu par les gouvernemens et respecté des plus riches; je voudrais qu'on lui accordât toutes sortes de prérogatives, celle par exemple d'exempter ses fils de la conscription, à la seule condition d'embrasser la même carrière, car il ne faut jamais oublier le service que rend un homme à son pays lorsqu'il emploie sa vie à le nourrir, et tout ce qu'a de rude le maniement des terres; je voudrais encore qu'il y eût aux banques des capitales, des fonds spéciaux pour les cultivateurs malheureux comme il y en a pour les crises commerciales; puis, par une compensation toute naturelle, je ferais payer une cotisation annuelle aux horticulteurs de luxe en faveur de l'agriculteur de première nécessité, car on ne me fera jamais admettre sur la même ligne celui qui aura nourri ses concitoyens et l'homme dont toute l'utilité consiste à obtenir une variété nouvelle de roses ou de tulipes.

— Comptes-tu pour rien, reprit l'autre, ce que le commerce retire des échanges qui se font journellement entre messieurs les horticulteurs, et la fortune que certains d'entre eux ont gagnée à vendre des fleurs! ignores-tu donc que les tulipes sont aujourd'hui une branche de négoce des plus étendues et des plus utiles?

Etendue j'en conviens, répondit l'antagoniste mais *utile* je le conteste. Le monde n'en irait certainement pas plus mal quand on ne connaîtrait aucune des fleurs rares : Les horticulteurs distingués eussent employé leur génie à toute autre chose et une quantité d'honnêtes gens ne se serait pas ruinés, en cherchant des variétés et en achetant à des prix fous, un petit oignon que la première gelée peut détruire, ou que la mode prendra bientôt le soin de démonétiser. Enfin mon cher, continua le sérieux péroreur, dis un peu ce que nous faisons depuis huit jours ?...Nous nous levons régulièrement à cinq heures, ce qui dérange considérablement mes habitudes, puis, nous allons visiter tantôt un jardin, tantôt un autre afin de voir, dis-tu, de superbes tulipes ! enfin nous trottons tout le jour comme des chevaux de fiacre ; encore trouves-tu moyen d'être mécontent de ces fleurs ! Le matin il est de trop bonne heure, à midi, le soleil les brûle ; le soir elles sont refermées, et ainsi de suite jusqu'au lendemain que nous recommençons. Aujourd'hui, par exemple, nous devions, disais-tu voir les merveilles des merveilles ; eh bien nos visites n'ont pas été plus heureuses que les précédentes, seulement je n'en puis plus et retournerai chez moi malade pour être resté sur sur mes jambes, et des heures , devant des plates bandes auxquelles, franchement, je ne trouve rien de beau !

— Est-ce ma faute à moi, répliqua l'horticulteur forcené , si les tulipes ont avorté cette année ? Je dis mon cher que tu ne peux les juger sur ce que tu as vu jusqu'à présent, et si tu consens encore à avoir un peu de patience , peut-être découvrirons-nous à la fin une localité qui leur aura été plus favorable. Je tiens à te montrer des tulipes, des tulipes entends-tu!.. Les miennes sont affreuses cette fois , je passe condamnation ; je t'ai conduit chez différens amateurs qui ne sont pas mieux traités que ton serviteur ; aujourd'hui nous avons recouru à la source, pas meilleur !... à demain donc. Fais ce dernier essai ; je te menerai chez un vieux particulier qui habite Château-Fort près Versailles. Il y a longtemps que je n'ai vu son jardin ; sa maison est dans une situation ravissante et s'il n'est pas mort, il doit à avoir de magnifiques tulipes.

— Eh quoi , reprit l'ami de l'amateur-horticulteur , tu vas nous exposer à faire six ou

sept bonnes lieues pour voir des fleurs qui
n'existent peut-être pas ?

— Oh ! répondit l'autre, nous verrons toujours bien quelque chose aux environs ; mais
si ce vieil amateur vit encore, tu seras content de ta course.

— Allons ! va pour cette dernière corvée,
reprit le patient, et puis je m'occupe de ce
qui m'amène à Paris sans aucun retard,
car ma femme ne comprendrait rien à la raison qui me retient ici. Je n'ai à la campagne
que des fleurs vulgaires, à la vérité, mais
elles suffisent à nos goûts et ne nous donnent
aucun mal.

— Tu ne diras pas cela demain, reprit
l'ami d'un ton persuadé, quand tu auras vu
les tulipes de M. Basseville ; tu ne rêveras
plus que tulipes et voudras en posséder à tout
prix de pareilles.

Si je savais cela, interrompit le campagnard en souriant, je me garderais bien de
t'accompagner à Château-Fort ; heureuse-

ment je suis tranquille sur ma modération
en toutes choses! je serai donc à tes ordres dès
six heures du matin seulement , afin de pouvoir prendre quelque cordial avant de partir,
car avec vous autres tulipiers-fous, il y a vraiment à mourir de faim et de fatigue !

Comme ces deux promeneurs allaient se
séparer , le troisième personnage qui les suivait depuis longtemps, s'approcha respec-
tuesement.

— Messieurs , dit-il en saluant profonde-
ment, j'ai saisi au passage quelques unes de
vos paroles et comme elles m'ont fait¹ recon-
naître en vous des amateurs forts distingués,
je prends la liberté de vous offrir de venir voir
mes tulipes. Je demeure ici près, sur le boulevard extérieur, à la barrièr d'Enfer.

— N'ayant pas l'honneur d'être connu de
vous, répond le provincial, je regarderais
pour ma part comme une indiscrétion....

— Allons-donc, interrompit son ami en lui
poussant le coude, entre horticulteurs on a

bientôt fait connaisance et puisque Monsieur veut absolument nous conduire à son jardin.....

— Monsieur a raison, reprit le dernier arrivé : entre amateurs c'est comme entre compatriotes, on se saisit partout ou l'on se rencontre : Je m'appelle Triard et suis depuis vingt-neuf ans employé au ministère de la guerre. J'attends avec impatience que ma trentième année soit sonnée pour me retirer des affaires , afin de donner tout mon temps au jardinage , pour lequel je me suis toujours senti une vocation particulière. Il y à dix ans que j'habite la maison que vous allez voir.messieurs,et depuis dix ans je cultive exclusivement les tulipes.

— Vous devez alors être fort riche, dit en se rapprochant celui que cela intéressait.

— Oui monsieur répondit le nommé Triard; j'ose croire même que j'ai bien employé mon temps.

Les trois péroreurs cheminèrent, en cau-

sant de la sorte, vers la maison de M. Triard
qui était assez loin sur les boulevards extérieurs.

— Je m'étonne , dit le premier interlocuteur de n'avoir jamais ouï prononcer votre
nom parmi nos amateurs ni même dans les
bureaux de la guerre où je vais quelquefois :
je me nomme Berthon, ancien employé aux
fournitures de l'armée, actuellement en retraite et tout entier à l'horticulture que j'ado-
re ; voilà mon ami Taupin ex-troupier ; notre
liaison date de plus de quarante ans : il est
aussi en retraite ; seulement, comme il a une
femme et deux filles , il ne peut comme moi,
qui suis garçon , vivre à Paris , c'est pourquoi il s'est relégué dans un joli village
d'Auvergne ou je vais le voir quelquefois ; il
a un beau jardin et je voudrais lui créer un
bonheur qu'il ne connaît pas en lui apprenant
à aimer les fleurs ; puisque vous écoutiez
notre conversation , monsieur, vous devez
savoir que nous allons demain visiter un

grand amateur à Château-Fort ; s'il vous
était agréable d'être du voyage, vous m'ai-
deriez à endoctriner mon ancien camarade
qui, en fait d'horticulture, a la tête bien dure.

— Mille remercîmens répondit M. Triard
car en outre de mon bureau qui ne saurait
aller sans moi, je vous avouerai que je prends
peu de plaisir à visiter des jardins.

— Mais, cependant, répliqua Berthon, pour
augmenter vos richesses, il faut bien aller à
la découverte.

— Je ne suis que trop riche, reprit Triard,
et quoique mes tulipes soient de véritables
trésors, je serai forcé d'en supprimer une partie car elles m'envahissent et je ne sais bientôt plus ou les mettre.

On arriva enfin au grand plaisir de Berthon,
tout heureux de sa rencontre et bien décidé
à demander le trop-plein pour peu que cela
en valût la peine. Mais ô douleur, ô rage, ô
déception ! toutes les tulipes de ce monsieur
se ressemblaient parcequ'elles dérivaient

toutes de la même source ; s'il existait entre elles une légère différence cela tenait à un jeu de la nature ou à l'âge des cayeux.... du reste hideux, trois fois hideux , attendu que l'oignon primitif était d'une laideur atroce. Jamais colère ne fut comparable à celle de de l'ex-fournisseur ; il était si boursoufflé, qu'on aurait cru qu'il allait étouffer en entendant son ami faire l'éloge de cette quantité innombrable de tulipes rouges et pointues, dont l'éclat importunait et offensait les yeux.

— Eh bien, messieurs, dit d'un air triomphant le vaniteux Triard, comment trouvez-vous ma collection ? ai-je assez travaillé depuis dix ans ! on m'a donné à peu-près douze oignons lorsque j'ai acheté cette maison, tous les autres sont mes enfans ! Il y en a quelques unes de jaunes, vous voyez ; je les ai marquées d'une petite baguette pour la symétrie que j'observerai l'année prochaine.

— Ma foi, monsieur, dit Berthon qui ne pouvait plus se contenir, quand on est aussi niais pour ne pas dire plus, on reste seul et on se garde surtout d'amener chez soi d'honnêtes gens sous le prétexte de leur montrer des tulipes.

— Comment monsieur ? et qu'est-ce donc s'il vous plaît que ce qui remplit mon jardin au nombre de plus de trois mille...?

— Une vilenie monsieur ! une mauvaise herbe, s'écria Berthon avec colère, qu'il faudrait sarcler nuit et jour pour en être plutôt débarassé; » puis il entraîna son ami en tirant avec force sur eux la porte du jardin.

— En voilà un, par exemple, qu'on devrait mettre aux petites maisons, reprit Berthon dès qu'il fut échappé à ce guet-à-pans. Qui a jamais rencontré un pareil Ostrogoth?

— Tu ne vois, répondit le sage Taupin, que la folie de cet homme tandis que la tienne ne te blesse en rien ! cependant n'a-t-il pas plus de reproches à te faire que tu n'es en droit de lui en adresser? voyons ! de quoi s'est-il rendu coupable envers toi, sinon de t'avoir

volé quelques instans assez peu précieux,
tandis qu'emporté par ton ridicule courroux,
tu n'as pas craint de briser en un moment,
l'édifice de satisfaction qu'il avait mis dix ans
à construire. Le malheureux n'osera plus
montrer à personne désormais les trois mille
tulipes dont il était si fier avant de nous
avoir rencontrés ! si tous les goûts sont dans
la nature, permets donc à ce pauvre homme
de s'extasier devant sa fleur rouge et pointue
puisqu'il ne t'empêche pas de courir après
celles qui affectent une autre couleur et une
autre forme ; pour moi, je suis encore bien
terre-à-terre, car je trouve franchement son
jardin fort agréable ; demain, mon cher ami,
je tâcherai d'être moins obtus et de m'intéresser tout de bon à la connaissance mystique
de l'horticulture.

Ici les deux amis se séparèrent en se donnant parole pour le jour d'après. Suivons-les
dans leur nouvelle excursion afin de tâcher
de nous initier aussi, soit à la connaissance de

jolies fleurs,soit, ce qui vaudrait mieux encore,à l'étude de belles actions.

Nos deux chevaliers errans partirent dès
le point du jour;le temps était superbe! trop
beau, à ce que disait Berthon, en égard à la
chaleur qui allait dévorer en moins de quinze
jours des fleurs qu'on devrait admirer tout
un mois.

— Et si les fruits s'en trouvent bien, demanda Taupin? n'y aura-t-il pas compensation....?

— Qu'est-ce qu'une pomme ou une poire,
reprit l'ex-fournisseur,en comparaison d'une
tulipe ! ah mon ami, tu es encore bien vulgaire,continua-t-il; mais patience,je t'attends
au retour Autant qu'il m'en souvienne,l'ami
Basseville a de quoi te convertir: imagine-toi,
mon cher, trois arpens au moins tout en agrément; un quart d'arpent au plus pour le potager. Il y a bientôt six ans que je n'ai fait
ce petit voyage; aussi éprouvé-je une joie
d'enfant à me trouver en route pour Châ-

teau-Fort ; ce cher Basseville sera-t-il content de me revoir !

— Vous étiez donc fort liés ! demanda
Taupin?..

— Pas au delà de l'horticulture, répondit
Berthon ; nous nous faisions à peu près quatre ou cinq visites par an, tant à la ville qu'à
la campagne, car il avait aussi jadis un petit
jardin à Paris à proximité du mien ; jamais
il ne manquait de venir admirer mes oreilles-
d'ours, mes tulipes et mes roses. J'en faisais
autant à son égard ; je poussais même les
procédés jusqu'à entreprendre le voyage de
Château-Fort à l'arrière-saison, pour aller
voir ses dahlias qui, en conscience, n'avaient
rien de bien merveilleux ; mais entre amis on
se doit de certains égards, quitte à enrager
à part soi, d'être forcé de se déranger pour si
peu de chose.

Puisque vous étiez si scrupuleux, comment
avez-vous pu rester si longtemps, sans vous
voir, demanda Taupin..

— Ma foi je serais fort embarrassé de le dire, répliqua son camarade : d'abord l'ami Basseville à quitté tout-à-fait Paris, pour résider à Château-Fort ; puis on se fait vieux de part et d'autre ; les voyages ne laissent pas que de fatiguer à notre âge, et j'avoue que sans l'envie que j'ai de te montrer une belle collection de tulipes, je n'affronterais pas volontiers le soleil qu'il fera à neuf heures , précisément lorsqu'il nous faudra cheminer à pieds, car à propos ! je ne t'ai pas dit que nous devrons marcher l'espace d'une lieue de pays : j'avais peur de t'effrayer. Taupin fit la grimace, puis il s'écria :

— Et si nous n'allions pas trouver ton amateur, nous serions frais.

— Allons donc, cela n'est pas possible, répondit Berthon ; tu ne sais pas mon cher le prix qu'on attache à un jardin qu'on a créé, qui reçoit chaque année vos trésors et les triple sous vos yeux, dont le terrain convient à vos plantes de prédilection ! oui mon ami,

comme je te le disais, à moins que Basseville
ne soit mort nous allons le trouver installé
près d'une planche de tulipes, le catalogue à la
main, et tout content d'avoir ouï le son de la
cloche qui lui annoncera un visiteur, un ami !

On arriva vers huit heures à Versailles ou
nos voyageurs demandèrent une voiture pour
Château-Fort ; *impossible de s'en procurer*,
leur répondit-on, et force leur fut de se
mettre en route malgré la chaleur qui était
vraiment accablante ; Ils prirent les bois
pour trouver de l'ombre, ce qui augmenta encore le chemin qu'ils avaient à faire.

— Que le bon Dieu te bénisse avec tes tulipes, dit, non sans humeur, le campagnard
éreinté ; je te jure que j'en verrais de colos-
sales, de monstreuses, de pyramidales,
qu'elles ne me dédommageraient pas de la
fatigue que j'éprouve. J'enrage en vérité
d'avoir cédé à ta ridicule fantaisie et je t'engage ma parole sacrée que c'est bien la dernière fois, dussé-je aller au jardin d'Armide.

— Patience! patience, mon très cher, nous touchons au port. Encore un quart de lieue tout au plus et nous sommes chez Basseville où nous nous installons pour la journée afin de ne revenir qu'à la fraîche.

— Quoi nous dinerons chez ce monsieur que tu connais fort peu et que je n'ai jamais vu ?...

— Sans doute repartit Berthon, entre horticulteurs cela se pratique ainsi ; pourquoi se loge-t-il si loin. Moi qui te parle, j'ai eu bien soin de prendre un jardin en ville tout-à-fait indépendant de ma demeure, car autrement je sais ce qu'il en coûte. Mais l'ami Basseville est riche et généreux ; aussi sommes-nous bien certains d'être reçus à merveille.

Peu après ce discours nos piétons aperçurent une muraille et puis une grille :

— C'est ici, s'écria Berthon tout joyeux, la porte est ouverte, entrons. *Hôla quelqu'un,* dit-il en se tournant vers un pavillon qui semblait devoir servir de demeure à un jardinier. Tiens,

continua-t-il en regardant çà et là dans la cour,
je ne me reconnais plus du tout ! ou donc est
Célcstin ce grand paresseux de jardinier que
l'on trouvait toujours dormant, soit qu'il plût
ou qu'il fît soleil !... Voici une étable dont
je n'avais aucune idée, une basse-cour, du
fumier, des poules et un désordre tout-à-fait
nouveau pour moi. Entrons dans le jardin ;
on y passe, autant qu'il m'en souvienne, par
un corridor situé ici derrière. Viens avec moi
Taupin, tu vas voir un fameux parterre. Ils
traversèrent la cour, le corridor en question,
et se trouvèrent incontinent dans un magni-
fique verger du plus bel aspect : les arbres,
allignés et taillés avec un soin et un talent
rare, étaient tous en fleurs ; poiriers, pommiers, cerisiers, disposés en quenouille por-
taient leurs cimes fleuries a plus de vingt
coudées de hauteur tandis que de jeunes
arbres nains en garnissaient l'entre-deux ;
les murs couverts d'espaliers étaient palissa-
dés avec une étonnante symétrie ; enfin ce

terrain carré d'à-peu-près trois quarts d'arpent n'avait pas un coin de perdu et réjouissait l'œil par sa surprenante fécondité.

Ceci est ravissant ! se prit à dire l'honnête
Taupin, et j'avoue que je n'ai rien vu d'aussi
parfait depuis que je parcours les jardins,
tant des environs de Paris que de mon en-
droit. Vois-donc comme ces poiriers en espaliers sont rattachés ! Pas une branche qui
dépasse l'autre et ces quenouilles alternées
de sujets nains, que d'art il y a dans cette
combinaison !..,

— Tu me feras devenir chèvre, avec tes
réflexions saugrenues, dit Berthon de plus en
plus désappointé, ne comprends-tu pas qu'où
je croyais voir des tulipes, se trouvent malen-
contreusement une foule d'arbres fruitiers et
que-là où je cherchais un délicieux parterre je
ne vois qu'un ignoble et vulgaire verger ! ah
mon pauvre ami Basseville est mort je n'en
puis plus douter aux nouvelles dispositions de
ce terrain si différent de ce qu'il était autrefois.

Il y avait au bout du verger une petite porte ouverte ; les deux explorateurs y portèrent leurs pas pour voir s'il rencontreraient enfin quelqu'être vivant.

— Là, dit encore le triste horticulteur, était un grand enclos réservé jadis aux roses, dhalias et semis de mon pauvre ami Basseville!... hélas! continua-t-il avec une douleur vraiment plaisante, c'est un potager!

— Fort beau sans doute ! dit encore Taupin, en admirant l'ordre et la propreté qui régnaient dans ce grand champ contenant une prodigieuse quantité de légumes de toute espèce. Ce brave homme n'insista pourtant pas, dans la crainte de blesser son vieux camarade, sur le visage duquel se peignait une véritable tristesse.

— Qui eût jamais dit que cet enclos deviendrait un marais ! fit Berthon en branlant la tête et en frappant le sol avec sa canne. Défunt Basseville l'avait payé bien cher dans une toute autre destination; le pauvre homme souffrirait cruellement s'il voyait des choux,. des navets et des carottes là où il se plut à semer de nobles fleurs et à soigner de majes- tueuses plantes ! Taupin eut bien envie de faire encore de la controverse, mais il respecta, par bonté d'âme, l'indignation de son ami quoi- qu'au fond de l'âme, elle lui parût passable- ment ridicule.

— Nous ne trouverons donc personne , s'é- cria avec impatience l'ami Berthon ! voyons encore au bout de cet enclos; il y avait jadis un quarré d'agrément assez spacieux ma foi, que mon pauvre ami avait joint à sa propriété pour y mettre des plantes en terre de bruyère: c'était le département des arbustes étrangers.. Et je me rappelle qu'il en avait de fort rares pour lesquels il dépensait des sommes folles; je suis curieux de savoir ce qu'on en aura pu faire.

Ils traversèrent tout le potager et par- vinrent, sans rencontrer personne, au lieu indiqué. A peine, eurent-ils jeté les yeux

dans ce coin reculé qu'ils virent une espèce
de paradis-terrestre, véritable oasis que pro-
tégeait une haute charmille soutenue de
quelques grands arbres tels qu'aubépines
faux Ebeniers , Acacias rose et blanc, Judées
et autres,tous plus merveilleux qu'on ne saurait l'imaginer : dans ce délicieux espace,ré-
gnaient différens bosquets, genre Anglais,
puis au lieu de la pelouse obligée daus ces
sortes de jardins , le milieu entièrement découvert,était partagé en planches demi-cir-
culaires formant corbeille , et planté de Tulipes et de jacinthes en fleurs ; ces planches
étaient couronnées de beaux Églantiers gref-
fés , devant donner leur roses après ces pri-
meurs. Près d'une de ces planches, on voyait
un bon vieillard , assis commodément un papier à la main et du'ne jeune famille entouré
composée de trois garçons et d'une fille tous
en costume de paysan.

C'est lui, s'était écrié avec une joie indicible
l'excellent Berthon,oui continua–t-il en ren-

fonçant les larmes qu'il était sur le point de
répandre un instant avant... J'en étais sûr !
près de ses tulipes, le catalogue en main !...
comme il est changé, vieilli...! ce que c'est
quede nous!il est assis maintenant etune jeune
fille lui tient un parasol sur la tête;enfin c'est
égal le voilà tel que tel,» Comme ils s'approchaient sans avoir été aperçus,l'un des membres de la jeune famille se prit à dire.

— Rentrez not' maître : votre déjeuner
est sûrement prêt; l'heure du notre est passé,
il faut que nous retournions à la besogne ;
papa nous a bien recommandé en partant
pour Paris de ne pas trop nous amuser avec
vous. L'ouvrage presse, il ne veut point pleu-
voir, faut que nous arrosions à force. A deux
heures nous reviendrons; vous nous ferez
voir l'autre planche que vous dites encore plus
belle.

— Allez mes amis, répondit le vieillard,
je sens aussi que la chaleur me fatigue, don-
ne-moi ton bras Fanchette; toi, Louis prends

mon tabouret et mon catalogue; serre tout cela jusqu'à deux heures ; nous nous retrouverons ici.

Comme il se retournait appuyé sur la jeune paysanne, il fit un geste de surprise en voyant deux étrangers.

— Ne me reconnaissez-vous point mon cher maître? dit en tendant la main au digne vieillard l'ex-fournisseur ; et suis-je tellement changé que vous ne puissiez en me regardant vous souvenir de Berthon l'horticulteur.

A ce nom, le vieillard sourit et serra cordialement la main de son ancien ami.

— Enchanté de vous voir, lui dit-il, j'ai cru que vous m'aviez aussi abandonné comme les autres; depuis ma décadence, les amateurs ont disparu : je n'ai plus rien de neuf à montrer, plus de dîners à offrir, alors il n'est pas étonnant qu'on me délaisse.

— Je vous jure, répondit Berthon fort embarrassé, que j'ignorais... Je ne suis pas

venu depuis assez longtemps pour cause d'in-
commodités mais enfin j'ai voulu vous présenter un de mes amis....!

— Un horticulteur sans doute, interrompit
M. Basseville; hélas! monsieur, continua-t-il
en se tournant du côté de Taupin, je n'ai plus
rien qui vaille; depuis plus de six ans que j'ai
perdu ma fortune, j'ai renoncé aux plantes
rares et me suis contenté de ce que je possé-
dais à cette époque, mais vous sentez qu'une
fleur arriérée de six ans n'a plus de prix quelque belle qu'elle puisse être! Cependant si
vous êtes curieux de voir mes tulipes..

— Mon parrain, interrompit la petite
paysanne qui lui donnait le bras, vous oubliez
que maman vous 'a préparé votre chocolat
et que vous avez promis à papa de rentrer
pendant l'ardeur du soleil.

— C'est vrai, répondit le vieux Basseville,
d'ailleurs ces messieurs ne seront peut-être
pas fâchés de se reposer au frais; suivez-moi
donc messieurs, nous reviendrons plus tard.

Il les conduisit dans un joli pavillon où il habitait l'été, afin d'être plus à portée de son jardin lequel, comme nous l'avons dit , se trouvait un peu loin du corps de logis principal. Sur une petite table dressée près de la fenêtre, était un modeste déjeuner composé de beurre , d'œufs frais à la coque et d'une tasse de chocolat.

—Vous prendrez bien quelque chose, messieurs, demanda le vieillard? Fanchette, dis à ta mère d'apporter une bouteille de vin et de voir ce qu'elle peut offrir à un ancien ami de son maître.

Les deux voyageurs firent quelques façons pour la forme, car ils mouraient de faim, et ils applaudirent tout bas à l'entrée d'une grosse paysanne de bonne mine, portant du pain, du vin, des radis, et du beurre.

— Vous nous excuserez, messieurs, si nous vous traitons mal, dit-elle en mettant le couvert, mais vous nous prenez au dépourvu parce que c'est maigre aujourd'hui et que le boucher, par conséquent n'a pas tué hier. Je vais faire une grosse omelette au lard, une bonne salade et en y ajoutant un fromage à la crême, vous vous contenterez comme çà.

— Nous ne voudrions pas vous donner cette peine, reprirent Berthon et Taupin tout d'une voix.

— Allons donc ! de la peine, répliqua Gertrude, il n'y en a pas ! Des amis de not' bon maître c'est sacré ; avec çà qu'il n'en vient pas beaucoup depuis sa débâcle ! mais n'en parlons pas, de peur de l'y faire du mal.

— Des amis ! j'en ai suffisamment, reprit le vieillard en tendant sa main à Gertrude, et de bien plus sincères qu'au temps de ma splendeur. Pour connaître les hommes il faut changer de fortune.

Une larme brilla sur la joue décolorée du vieux reclus. Gertrude, qui s'en aperçut, s'éloigna en faisant signe aux deux visiteurs de distraire son bon maître de l'idée triste qui s'était emparée de lui.

— Cette femme paraît vous être bien atta-
chée? dit Taupin pour entamer la conversation.

— N'est-ce pas la femme de votre ancien
jardinier, demanda Berthon, de ce grand
fainéant dont vous aviez tant à vous plaindre.

— Oui sans doute, répliqua M. Basseville,
mais cet homme si paresseux autrefois, dont
je ne pouvais rien tirer et envers lequel on
blâmait si fort mon indulgence, est devenu
le plus laborieux, le plus vertueux des hommes à mon égard ; si je suis environné de
soins, d'aisance, si je puis encore vous recevoir ici, contempler le ciel qui me paraît
plus beau sur ce plateau qu'ailleurs, respirer
cet air vif qui soutient ma vie et jouir quelques années encore de mes fleurs, c'est à lui
que je le dois. Que vous dirai-je, messieurs, pour apprécier la conduite de Célestin, de Gertrude et même celle de leurs enfans, il faudrait connaître les antécedens et

remonter assez haut dans la vie. Si ce récit pouvait vous intéresser, je vous le ferais pendant que la chaleur nous retiendra dans la maison. J'ai tant de plaisir à conter cette histoire qu'elle est pour ainsi dire écrite dans mon cerveau et malgré que je n'aie pas eu occasion de la narrer depuis assez de temps, je suis convaincu que je n'omettrai aucune circonstance essentielle.

Ici Gertrude rentra et mit sur la table une omelette fort appétissante, ainsi qu'une salade dont la fraîcheur et l'odeur faisaient envie, après quoi elle souhaita bon appétit aux convives et disparut pour aller travailler dans le potager. Le repas fut des plus agréables, on parla de choses et d'autres et Basseville revenant bientôt à son idée fixe, prit la parole en ces termes :

« Tel que vous me voyez, Messieurs, j'ai eu une jeunesse assez difficile et c'est je crois ce qui me rendit plus tard indulgent pour autrui. Mon père, demeuré veuf fort eune, soutenait que je ne ferais jamais

rien ; je n'ai pas fait grand chose, à vrai
dire ; il ajoutait qu'il me laisserait à contre-
cœur un bien qu'il devait à trente ans de travail, parce que je le dissiperais en beaucoup
moins de temps qu'il n'avait mis à l'amasser!
Il eut encore raison sur ce point, car il n'y a
que vingt années que je l'ai perdu, et en
voilà plus de six qu'il ne me reste presque
rien de mon patrimoine. Tant que mon père
vécut, il me tint serré, peut-être un peu trop!
il faut une certaine latitude à la jeunesse ;
elle a besoin de faire des sottises au commencement de la vie pour s'en préserver plus
tard, l'expérience corrige les hommes quand
ils doivent se corriger ; c'est du moins pour
eux un motif de réflexion, une chance de devenir meilleurs. Pour moi, constamment guidé
par mon père, je ne m'inquiétai nullement de
la vie, et n'eus jamais qu'une volonté, celle
de ne m'astreindre à aucun travail. La crainte
de contracter des obligations m'empêcha
même de me marier, et je demeurai pendant

quarante cinq ans, sous la férule parternelle.

Cependant le désœuvrement me pesait quelquefois ; je n'aimais ni les arts, ni l'étude,et
je ne crois pas avoir touché dix volumes depuis que j'ai quitté le collége.Ennuyé de toujours sortir pour me promener, ou de rentrer
dormir, je désirai un jardin afin d'y chercher
des distractions. Mon père contenta mon
envie à condition qu'il n'entendrait jamais
parler de jardinier parce que, disait-il, c'é-
taient des voleurs et des fainéans. D'après ce
système qui était des plus enracinés chez lui,
je vis bien que je ne le gagnerais pas et me
décidai à donner moi-même quelque soins à
mon jardin. Ce que je ne fis d'abord que par
force,devint bientôt un besoin pour moi ; au
lieu de me lever à dix heures selon ma louable coutume, je sortais du lit au jour naissant
pour aller visiter les travaux de la veille et
en exécuter de nouveaux ;quelquefois j'y passais tout le jour,prenant à peine le temps de
faire un modeste repas ; à mesure que je me

livrais à cet exercice forcé, ma santé s'en res-
sentait avec avantage et, dechétif et étiolé
que j'étais. je fus bientôt fort et vigoureux.

« Le goût de la culture se dévoloppa
tellement en moi qu'il fut en peu de
temps une véritable passion : je bêchais,
semais, arrosais, avec une ardeur extrême ;
je mis même à ces différens travaux une
intelligence dont j'étais loin de me croire
capable tant il est vrai que ce qui plaît s'ap-
prend facilement. J'eus seulement recours à
quelques livres de théorie pour les premiers
principes ; le goût et la routine me formèrent
suffisamment et je puis dire que je devins
seul un très bon praticien en fait de jardinage.
Le soin de la terre est, selon moi, l'état primitif de l'homme, nous en apportons le germe
en naissant et il ne nous faut que peu d'efforts
pour le développer : ici point de déceptions,
point de peines perdues, point d'espérances
vaines, la terre est toujours reconnaissante
de ce que vous daignez faire en sa faveur ;

elle rend au centuple ce qu'on lui confié et
ne laisse jamais de regrets. Il est bien entendu que je parle de la culture restreinte, de
celle que l'homme fait en se jouant et seulement pour son agrément.

« J'avais donc un assez grand jardin ou je
ne cultivais que des fleurs:j'en arrachai impi-
toyablement les arbres fruitiers qui me donnaient de l'ombre et dérangeaieut la symétrie de mes combinaisons, car je n'attachais de
prix qu'aux plantes de luxe; de magnifiques
fraisiers plantés en bordure n'obtinrent point
grâce devant mes yeux, ils sautèrent aussi
pour faire place à des primevères, staticées
et mignardises. J'ignorais alors le plaisir
que l'on trouve à manger un fruit qu'on a
vu mûrir et qui doit sa beauté aux soins
que vous avez pris de lui. J'allais souvent
au quai aux fleurs pour me procurer quelques plantes; souvent aussi mes fantaisies
excédaient mes moyens car, comme je vous
l'ai dit, mon père, négociant retiré, con-

naissait le prix de l'argent et m'en donnait fort peu ; lorsque j'insistais pour en obtenir il m e répondait :

— Gagne-s-en , fais comme moi et tu n'auras pas besoin d'en demander... » Je ne répliquais pas, car j'étais honteux de moi-même. Toutefois mon jardin me consolait de l'état de servitude où m'avait placé ma paresse et pourvu que je pusse acheter de temps en temps quelques fleurs nouvelles , j'étais heureux. Du reste aussi ours que mon père, nous vivions dans la plus complète solitude avec une vieille servante qui composait tout notre domestique. Comme je me donnais beaucoup de peine , mon jardin était très beau ; du moins je le trouvais tel ! parce qu'il était infiniment plus fleuri et plus arrosé que ceux de mes voisins, lesquels étaient pour la plupart d'honnêtes employés qui n'avaient que le dimanche pour se livrer à la culture, tandis que je passais ma vie entière, dans mon enclos, la bêche ou l'arrosoir à la main.

« Mon père, parvenu à un âge très avancé,
tomba tout-à-coup dans une sorte d'enfance
on ne peut plus pénible, surtout pour ceux qui
assistent à cette décadence humaine ; forcé de
rester constamment près de lui, je dus abandonner mon jardin à d'autres mains ce qui fut
pour moi une grande affliction; on ne faisait rien
qui me convînt ; j'avais des manies, mon jardinier voulut mettre des règles à leur place
et j'y perdis presque toute ma satisfaction.
On ne se fait pas d'idée du bonheur qu'il y a
à réussir dans une innovation en jardinage ;
il semble vraiment qu'on gagne une victoire,
lorsqu'ayant procédé d'instinct, on obtient un
résultat satisfaisant. J'appelais cela *enjam-
ber par dessus l'ornière*. Dès que je me servis
des bras des autres, mon jardin m'intéressa
beaucoup moins; je devins plus difficile sur le
choix des plantes et sur leur arrangement et
je commençai à dépenser largement cet or
que mon pauvre père avait gardé si précieusement; car, comme le brave homme avait

perdu toute gouverne, j'étais enfin maître de
la bourse. Il mourut au bout de trois ans d'un
état d'idiotisme complet. Resté tout-à-fait
seul et possesseur d'une fortune assez ronde,
je voulus vivre à ma guise.

«Pour cela; je cherchai une belle résidence;
je trouvai cette propriété qui me plut, et par
sa position avantageuse, et par l'excellence
du terroir. Le jardin était petit mais je pus,
moyennant bon prix, y adjoindre des lots qui
en firent à la longue une très confortable
habitation. Comme tout était à peu près en
friche je pris de bons ouvriers sous ma di-
rection et me créai une retraite délicieuse.
L'ami Berthon doit se rappeler de combien
d'arbres et d'arbustes j'ornai mon manoir !
une fois en train, rien ne me coûta et j'achetai
tout ce que je trouvai de mieux : les emplètes
que je fis successivement et la réputation de
riche que j'avais dans ce pays, me mirent à même de contracter des liaisons agréables. J'a-
vais conservé mon jardin de Paris : nombre

d'amateurs avec lesquels je fis connaissance
s'empressèrent de m'offrir un échantillon de
chaque chose et surtout de m'initier au langage scientifique de l'horticulture. J'avais déci-
dément du goût pour cet art, car c'en est bien
un, et des plus compliqués. Je m'y jetai à
corps perdu et recherchai avec empressement
tous ceux qui pouvaient améliorer mes
collections ou m'indiquer les sources ; pour
cela je tins table ouverte et attirai chez moi
tant à la ville qu'à la campagne, des gens
que je connaissais à peine. Plusieurs me prirent pour dupe et m'offraient les choses les
plus ordinaires sous de pompeux noms ;
quelques uns même, me firent acheter comme
une rareté certaines plantes connues dans
le commerce de temps immémorial ; malgré
ces petites déceptions, ma passion s'accrut
de jour en jour et je fis des folies excessives
afin de posséder de suite ce qui, trois mois
plus tard, eût coûté le vingtième de ce que
je le payais.

« Si je recevais beaucoup de monde, j'allais
beaucoup aussi. Quand je rentrais de mes
tournées, j'étais heureux ou malheureux
selon que je revenais chargé de butin ou que
j'avais lieu de trouver mon jardin en
délâbre. Ma joie ou ma tristesse tenaient à
cela, tant l'amour-propre a d'empire sur nous.
Je me souviens entr'autres choses, d'avoir
pleuré amèrement pour avoir visité dans la
journée la serre d'un particulier riche à plus
de six cent mille livres de rente ; la comparaison que je fis en arrivant chez moi,
me valut un après-midi de larmes ! voilà
l'homme et sa raison ! qu'il soit artisan,
bourgeois, financier ou horticuleur.

Mes besoins allant toujours croissant j'a-
vais pris un assez nombreux domestique ; un
jardinier d'abord et sa femme ; une cuisinière,
un valet de chambre et une fille de basse-
cour. Il y avait de plus un garçon en perma-
nence pour aider le jardinier, sans compter
les hommes de journée qu'il s'adjoignait l'été.

Puis un cheval à l'écurie pour le cabriolet
obligé, en raison de mes fréquentes et lointai-
nes excursions. Ce train, comme on le voit,
différait de celui de feu mon père, aussi man-
quais-je souvent d'argent : j'allais alors chez
mon notaire et lui demandais une somme
quelconque en payant d'assez gros intérêts
sans m'inquiéter des suites : dans mon impar-
donnable imprévoyance, je marchais en
aveugle, persuadé d'ailleurs que mon jardin
deviendrait une source de fortune, parce que
je récapitulais dans mon esprit ce qu'il me
coûtait et que j'avais la folie de croire à une
valeur qui de fait est toute fictive. Vous
voyez, messieurs, que je m'accuse conscien-
cieusement, ce qui doit vous prouver que je
suis entièrement guéri. Comme je crois vous
l'avoir déjà dit, j'avais reculé, plus jeune,
devant un mariage pour n'être astreint à aucun des devoirs que cet état entraîne ; ce fut
bien pis lorsque je devins horticulteur : l'idée
d'avoir une épouse, des enfans me fit frémir

et je me jurai à moi-même de rester garçon ;
cependant je sentais le besoin d'une femme
dans mon intérieur mais d'une femme amie
et non d'une mercenaire. J'avais souvent jeté
les yeux avec plaisir sur Gertrude alors fille
de cuisine chez moi ; son air honnête et
franc, peut-être même sa gentillesse, m'a-
vaient séduit. Convaincu que dans un sort
aussi humble elle serait sans résistance contre ma volonté et qu'il me suffirait de parler,
je bâtis mon plan ainsi.

« Je suis seul, me dis-je, et j'ai bientôt
cinquante ans ; mon jardinier me vole, ma
cuisinière me vole, et mon domestique le permet s'il n'en fait autant. En ayant des bontés pour Gertrude je la mettrai dans mes
intérêts et la placerai tout naturellement au
dessus des autres ; de cette manière elle deviendra ma femme de charge, de confiance,
ce qui me préservera j'espère de la rapacité
de ses camarades. Une fois mes vues arrêtées,
je fis à Gertrude de petits présens sous diffé-

rens prétextes, puis, je cherchai sans en avoir l'air, l'occasion de l'entretenir seule.

C'était là le difficile, car elle était toujours en compagnie, soit au jardin, soit à la cuisine. Au jardin surtout, quelque diligent que je fusse, Célestin le garçon jardinier, était encore plutôt levé que moi. Gertrude faisait de grand matin de l'herbe ou ceuillait des légumes nécessaires aux repas du jour : Celestin bêchait ou sarclait dans le voisinage et ne s'éloignait pas même à mon approche. Si j'entrais le soir dans l'étable, sous prétexte de boire un verre de lait chaud, j'étais sûr d'y trouver Célestin tirant du fumier et nettoyant avec un acharnement extraordinaire. Ennuyé de cet espionnage, je voulus en connaître la cause; un jour donc que le jardinier avait besoin de Célestin et que la cuisinière était à Paris, je pensai que je pourrais entretenir Gertrude tout à mon aise pour peu que je disposasse de mon domestique : j'envoyai ce dernier en commission; alors et sans préam-

bule, je fis à Gertrude le résumé de mes projets sur elle, en lui retraçant avec adresse
l'avantage qu'elle en pouvait tirer.

— Grand merci, not' maître, me dit-elle
après m'avoir laissé parler sans chercher à
m'interrompre ; c'est trop d'honneur que
vous nous faites mais j'ons des engagemens
ailleurs... indigné de son audace je me fâchai
et la traitai de fille sans mœurs ; la pauvre
enfant se mit à pleurer et me répondit néanmoins avec une sorte de dignité qui me frappa :

— J'aurais donc des mœurs si je vous
écoutais, vous qui êtes not' maître ! Chacun
voit les choses à sa guise : m'est avis qu'une
pauvre fille comme moi, ne doit s'en laisser
conter que par un garçon de sa sorte, vu qu'il
peut l'épouser, d'ailleurs j'aime Célestin,
Célestin m'aime, par ainsi je ne voulons
écouter nul autre quand ce serait le roi en personne.

« Après avoir prononcé ces paroles, Gertrude qui s'était tenue près de la porte, disparut

comme un éclair. Fort courroucé contre elle
je fis mander sa mère, pour lui apprendre
ce que j'appelais sa mauvaise conduite et
qu'elle eût à réfléchir sur ce que je lui avais
dit, attendu que j'étais décidé à la renvoyer
le jour même, si elle n'acquiesçait à mes résolutions. Lorsque sa mère vint et qu'elles
furent toutes deux en présence, j'interpellai
Gertrude sur ses relations avec Célestin, ajoutant qu'il ne me convenait pas qu'une fille se
comportât mal chez moi. Gertrude alors, avec
ce sangfroid et cette dignité que j'avais déjà
remarqués en elle, avoua son amour sans
plus de difficulté, jurant à sa mère que Célestin comptait l'épouser aussitôt qu'il aurait
trouvé une place de jardinier en chef, place
à laquelle son habileté bien connue lui donnait droit de prétendre ; qu'il dépendait de
moi de la chasser, de sa mère de la rendre
malheureuse, de la tuer même, mais que rien
au monde ne la ferait renoncer à Célestin et
que dût-elle attendre dix ans, il serait son

mari: La mère de Gertrude devint furieuse; cette femme, extrêmement grossière, éclata en invectives telles que je fus forcé de m'éloigner; peu après cependant je revins sur mes pas en entendant un bruit extraordinaire et des sanglots étouffés qui m'émurent à un point que ne saurais dire; faites-vous une idée de ma douleur en trouvant cette malheuse un gros bâton à la main et frappant de toute sa force sur son innocente fille, qui, blottie dans un coin de la salle où se passait cette déplorable scène, recevait les coups sans oser crier. Je l'arrachai des mains de son odieuse mère dans un état difficile à décrire et faisant mettre aussitôt dehors cette mégère, je m'empressai de secourir la pauvre Gertrude dont le visage était tout en sang. On la porta dans son lit et j'ordonnai à ma cuisinière de ne pas la quitter tant qu'elle aurait la moindre souffrance.

« Pauvre créature, me dis-je en moi-même, si la vertu est traitée de cette manière, com-

ment agira-t-on envers le vice? C'est pourtant parce que cette fille a refusé une infamie
qu'elle est dans cet état, parce qu'elle a pré-
féré l'espoir d'un mariage pauvre à la certitude d'une existence aisée mais honteuse,
que sa mère l'a ainsi traitée, le tout par ma
faute! En faisant ces réflexions, je m'achemi-
nai vers le jardin pour échapper aux reproches que me faisait ma conscience; Célestin
s'offrit à mes regards.

— Écoute, lui dis-je sérieusement et de
toute l'autorité que me donnaient mon âge et
ma position; imagine que tu es à confesse
et réponds sans détour : aimes-tu Gertrude?..

— De tout mon cœur, s'écria-t-il sans
balancer.

— Si tu pouvais l'épouser, ferais-tu son
bonheur?..

— S'il m'était possible, répondit-il encore,
mais en hésitant car sa pauvreté lui revint à
l'esprit.

— Eh bien repris-je sans aucune réflexion

tu vas épouser Gertrude ; les moyens d'existence viendront après : c'est mon affaire ; dès
à présent j'ajoute quinze francs par mois
aux quarante-cinq qu'on te donne, et je suis
le parrain de ton premier enfant. Quand à ta
femme elle sortira de cette maison pour des
raisons qu'elle te dira si elle le trouve à propos ; Célestin éprouvait une joie mêlée de
quelqu'inquiétude que l'amour dissipa bientôt, car, huit jours, après, Gertrude entièrement remise des brutalités dont elle avait
été l'objet, vint prendre congé de moi pour
retourner chez sa mère jusqu'au jour de son
mariage. Je voulus lui donner quelques pièces d'or pour cadeau de noce.

— Merci not' maître, dit cette honnête
fille en me refusant, je vous dois assez
comme çà et ne reclame de vous que la promesse que vous avez faite à Célestin : c'est
d'être le parrain de not' premier si le bon Dieu
m'en accorde. Puis elle s'empara d'une de
mes mains qu'elle baisa affectueusement, et

sur la quelle je sentis une larme tomber.

Ce départ me causa une légère émotion ; peu après je n'y songeai plus et ne m'occupai que de mon jardin. Une quinzaine de jours s'étaient à peine écoulés que Célestin m'aborda humblement et me demanda *si je ne lui ferais pas l'honneur d'assister à sa messe de mariage* ! je ne sus d'abord que répondre à cette question qui me troubla quelque peu ; je lui demandai quel jour elle aurait lieu.

— Après-demain, répliqua-t-il.

— Tant pis, repris-je, car je pars demain pour Paris, où je serai retenu plusieurs jours, cependant je veux être pour quelque chose dans la noce, c'est moi qui en ferai les frais. En effet je donnai des ordres pour qu'en mon absence, on regalât les époux, leurs parens et toute ma maison. Quant à moi, par un sentiment que je ne saurais définir, je demeurai huit jours hors de chez moi et ne m'informai de rien relativement au mariage de Gertrude. Je fis même taire avec humeur mon domestique qui vanta devant moi la figure de la mariée et le bonheur de Célestin. Pendant quelques mois je n'aperçus pas même Gertrude quoique je fisse constamment travailler son mari qui était véritablement d'une habileté peu connue. Il s'entendait bien mieux que mon jardinier aux délicatesses de l'art, et lorsque j'avais des plantes précieuses à soigner, c'était toujours lui que j'en chargeais, il avait de plus une mémoire étonnante et se souvenait à l'instant des noms de mes fleurs : il était, pour ainsi dire, mon catalogue ambulant ce qui émerveillait souvent les amateurs qui me visitaient.

« Un jour j'observai que Célestin me servait avec un zèle plus grand encore que de coutume : il allait au devant de mes desirs avant même que je les eusse exprimés ; vers le soir nous étions l'un et l'autre à tirer de terre des oignons de jacinthes, que j'étiquetais en les plaçant chacun dans leurs casiers, lorsque sept heures sonnèrent.

— Va-t-en, mon garçon, lui dis-je, voilà une heure que tu devrais être parti.

— Ah je vas vous dire not' maître, c'est que....

— Eh bien quoi ?

— C'est que Gertrude doit venir me prendre parcequ'elle voudrait vous parler.... Au même instant je vis s'approcher une grosse femme toute ronde, pouvant à peine traîner le fardeau que la nature lui avait imposé pour quelque temps encore. C'était Gertrude ! Je fus surpris du changement que huit mois de ménage avaient opéré en elle; c'est tout au plus si je l'eusse reconnue ailleurs que chez moi : sa figure jadis si délicate, si mignonne était couverte d'une espèce de masque ressemblant à une couche compacte de taches de rousseur ; sa taille, horriblement déformée, la vieillissait de quinze ans ; elle s'approcha en tremblant et ne put articuler que quelques mots sans suite :

— Je vous comprends, lui dis-je, vous ve-

nez me rappeler ma promesse? je ne l'ai
point oubliée, et la tiendrai lorsqu'il en sera
temps. « Puis, je lui parlai avec aisance de son
état et de l'époque présumée de sa délivrance;
encouragée par mon exemple, Gertrude redevint elle-même, c'est-à-dire franchement
heureuse. Elle me dit ensuite tout le bien
possible de son mari , qu'elle me recom-
manda instamment.

« Un mois après je fus parrain, pour cette
fois on ne put refuser les quelques cadeaux
que je me crus en droit de faire et que j'offris,
comme ils furent reçus, sans arrière-pensée.
Quelques jours plus tard je retournai voir l'ac-
couchée ; elle allaitait son enfant et cherchait
un nourrisson étranger afin de mettre un peu
d'aisance dans son petit ménage. l'idée que
cette jeune femme allait partager ses soins et
sa tendresse me répugna , et j'eus aussitôt
l'envie de conserver à ma filleule les caresses
de sa mère en toute propriété. Pour cela il
suffisait de renvoyer mon jardinier en chef

dont je n'avais jamais été content et de lui substituer Célestin, c'est ce que je fis sans délai, à l'extrême satisfaction de ce garçon et de sa femme qui ne surent comment me témoigner leur reconnaissance et s'installèrent avec un bonheur incroyable dans leur nouveau poste.

« Dès que Célestin fut seul à mon service, je remarquai avec chagrin qu'il était fort paresseux et qu'il lui fallait indispensablement un chef qui le forçât au travail ; il ne négligeait pas précisément mes plantes parcequ'il savait bien que je ne l'eusse pas souffert, mais il s'exemptait de tout autre soin ; c'est ainsi qu'avec près de trois arpens de terre nous trouvâmes moyen de manquer souvent d'une salade et des productions les plus utiles au ménage. Les quelques arbres fruitiers qui existaient encore furent si négligés par lui, qu'ils ne rapportèrent presque rien, et qu'il fallut acheter, à prix d'or, des objets de première nécessité qu'il eût suffi pour ainsi

dire de semer tant était bon le terrein
que nous possédions. Quoique je fusse fort
mécontent de Célestin, en faisant ces découvertes, je l'excusais à cause de sa haute
intelligence et me contentai de prendre autant de bras qu'il m'en fallait pour que rien
d'essentiel ne souffrît. Ma cuisinière qui n'aimait pas Gertrude se plaignait constamment
de Célestin ; elle allait même jusqu'à attaquer sa probité, relativement à moi, préten-
dant qu'il vendait à son profit tont ce dont il
pouvait tirer parti, il est vrai que nonobstant
une augmentation de famille assez récente,
Célestin n'était ni moins fringant ni moins
coureur.

« Je voulus en causer avec Gertrude qui ,
toujours prévenante et laborieuse , faisait de
ses propres mains tout ce qu'elle pouvait pour
me dédommager du temps que son mari perdait. Je la voyais quelquefois les pieds nus,
tenant deux grands arrosoirs d'une lourdeur
extrême, baigner largement les planches

qu'elle m'avait entendu recommander, et ré-
parer par ce travail pénible la négligence ou
les oublis trop fréquemment réitérés de Célestin. Parfois aussi, couchée sur un terrein
humide, elle passait tout le jour à sarcler mes
semis quelque fût son état de nourrice ou de
femme grosse. Tant de zèle me toucha et je
n'osai lui parler de mon mécontentement,
encore moins l'en faire souffrir. Célestin d'ailleurs savait si bien me prendre qu'il m'était
impossible de me fâcher sérieusement contre
lui. Quand il sortait tout un jour. c'était, disait-il, dans mon intérêt, et s'il avait bu plus
que la permission ne le comportait, il trouvait
encore moyen de m'arracher une pièce de
cinq francs en me donnant quelques plantes
qu'il prétendait rares et qui lui avaient, assu-
rait-il, coûté un déjeuner sans lequel il ne les
eût pas obtenues. Cependant mon indulgence
au lieu de le corriger l'encouragea dans sa
paresse et l'impunité l'enhardit, si bien que
j'appris, à n'en pouvoir douter, qu'il trafiquait

de mes fleurs 'd'une manière scandaleuse.

« Décidé à le renvoyer, je n'attendais qn'une certitude pour le confondre lorsque le hasard me fit entendre une conversation qu'il eut un soir avec sa femme : la voici textuellement :

— N'es-tu pas honteux, disait Gertrude, de te conduire de la sorte avec un aussi bon maître.

— Que fais-je donc de si blâmable, reprit Célestin ? ne faudrait-il pas encore m'échiner à un coin de potager quand je travaille tout le jour dans le parterre ? d'ailleurs monsieur est riche, il n'a qu'à payer des manœuvres; moi, je suis horticulteur et non laboureur ou maraîcher.

— Croirais-tu donc te déshonorer quand tu ferais pousser des légumes pour ton ménage du moins, reprit Gertrude irritée? il faut que j'achète des choux, des poireaux, des carottes et pourtant nous ne sommes pas à l'aise !

—Tu ne chaumes point d'argent, il me semble, reprit Célestin, je t'en donne tous les jours.

— Oui, reprit tristement Gertrude; mais je ne le dépense qu'à regret, car m'est avis qu'il n'est pas de bon aloi.

— C'te bétise, répliqua le mari, est-ce que tu peux appeler volé, ce que je reçois pour le don d'une greffe, d'une bouture ou d'un oignon? Dieu sait que je ne voudrais pas qu'il fût dit que Célestin ait dérobé une obole à qui que ce soit, mais pour ce qui est du commerce c'est différent. Quel tort est-ce que je fais au bourgeois en repassant à un autre curieux un échantillon de ce qui leur plaît tant. C'est comme si nous étions associés ; lui, jouit de ses fleurs et moi j'en tire un léger tribut; n'est-il pas juste que nous vivions de ses folies. Car il en fait de ces bêtises !... avec son goût pour les raretés ! c'est bien le moins que d'honnêtes gens profitent de ses ridicules manies.

— T'as beau dire, reprit Gertrude, je ne saurais jamais approuver qu'on use des choses qui ne vous appartiennent pas , ni qu'on

dérobe le temps d'un bourgeois qui vous
traite si bien.

— Moi je te dis, répliqua Célestin, que je
me crois dans mon droit en n'en prenant
qu'à mon aise et que malgré ma fainéantise
selon ta façon de parler, le bourgeois, qu'est
bon, c'est vrai, ne trouverait tant seulement pas
un homme qui le secondât comme moi, et don-
nât aussi complètement dans toutes ses idées.

« Célestin quitta brusquement sa femme, et
retourna au travail en grommelant encore
quelque sottise. Ce discours me causa différentes émotions ; tantôt de la colère, puis de
l'attendrissement, puis enfin la conviction que
Célestin avait raison, et que, quoi qu'il pût
faire, il valait encore mieux qu'un autre, eu
égard à mes goûts et à mes habitudes. Je me
résolus donc à fermer les yeux sur toutes
choses, tant à cause de son extrême docilité
quant à ma manière de procéder, qu'en faveur de la pureté de Gertrude dont j'appré-
ciais toujours davantage les belles qualités.

A chaque nouvel enfant qu'elle avait, je faisais à cette bonne créature un sort un peu meilleur en augmentant les gages du mari, et j'y ajoutais quelques cadeaux appropriés à sa position ; si bien que cette famille composée de six personnes, finit par me coûter fort cher. Plus je faisais de sacrifices et plus je m'y attachais. Quand les enfans furent grands, je payai les mois d'école et l'entretien de ma filleule, la jeune Fanchette, que vous avez vue tantôt si attentive près de moi ; néanmoins, et malgré mes bontés toujours croissantes, Célestin n'en devint pas plus laborieux ; je crois même qu'il se fût tout à fait perdu si ma prospérité eût continué. Heureusement pour lui qu'elle croula tout à coup, ce qui, peut-être, ne fut qu'un moyen caché de la Providence pour rendre un père à ses enfans, un homme aux devoirs de sa condition.

« Comme je l'ai dit, mon indulgence et ma faiblesse avaient été funestes à Célestin ; de

fréquentes sorties lui fournirent l'occasion de
contracter des liaisons dangereuses ; la bois-
son s'en mêla, ce qui amena dans le ménage
des scènes déplorables ; j'en étais instruit par
mes autres domestiques, jaloux de mes bontés pour le jardinier et sa famille ; mais je ne
crus pas qu'il fût de ma dignité d'intervenir
et je m'abstins. Il suffisait que j'eusse fait ce
mariage pour qu'il me fût extrêmement pénible de le voir tourner ainsi , et pourtant je
craignais , en prenant le rôle de médiateur,
de réveiller dans l'esprit de Célestin , certains
soupçons qui eussent bien pu, à tort sans
doute, ternir la réputation de Gertrude. Je ne
me mêlai donc pas de ces débats , mais je
plaignis sincèrement la pauvre femme que
je me contentai de protéger par mes bienfaits.
Elle me sut gré de ma discrétion, car elle
aussi, eût rougi du choix qu'elle avait fait et
de l'amour qu'elle conservait à un butor qui
se riait de ses larmes. Il faut avouer pourtant que Célestin chérissait sa femme et ses

enfans ; le loisir seul et un bien-être trop facile engendraient en lui des vices qu'il n'eût
jamais connus si son temps eût été plus
strictement employé. Son cœur était excellent et s'il pêchait, cela ne venait que de, sa
tête et d'un excès d'amour-propre. Lorsqu'il
rudoyait sa compagne, c'était pour qu'on ne
le plaisantât pas sur son peu de caractère et
seulement pour jouer un instant au maître.
Venait ensuite un verre de vin de trop qui
gâtait spontanément tout ce qu'il y avait de
bon dans cet homme.

Gertrude avait bien soin de l'éloigner de
mes yeux lorsqu'il avait bu, aussi n'eûmes-
nous jamais, Célestin et moi, une querelle sé-
rieuse, d'autant que je mettais toujours dans
mes relations avec lui, une excessive douceur, craignant qu'une grave impertinence
de sa part ne me forçât à le chasser. Soit
qu'il me redoutât un peu ou qu'au fond il fut
reconnaissant de ma longanimité, il me témoigna constamment un profond respect et

affecta sans cesse une complaisance absolue pour tout ce que je lui ordonnais. Aussi eus-je longtemps et par ses soins l'un des jardins le plus à la mode parmi la classe des connais-- seurs. Pendant les trois quarts de l'année les visites se succédaient ici sans interruptions, ce qui ne laisssit pas de me coûter gros, puis- qu'il entrait aussi dans mon naturel d'être fort hospitalier et de faire les choses peut- être un peu trop bien. Il faut une générosité raisonnée, en proportion avec ce que l'on possède, car autrement cette vertu devient un vice, puis qu'elle vous conduit non seule- ment à votre propre ruine mais encore à en- traîner celle des êtres confians envers lesquels vous prenez des engagemens que vous ne sauriez remplir.

Voilà précisément ce qui m'arriva : tant que j'eus de quoi, je payai ; puis je vendis ponr éteindre mes dettes, des rentes, des obligations et une quantité de valeurs que mon père avait laissées en portefeuille et que

mes folles dépenses dissipaient chaque jour.
Bientôt il ne me resta qu'une maison patri-
moniale située à Paris et d'un fort bon rapport ; je l'hypothéquai, tant que cela fut possible, mais à la fin elle dut aussi se convertir
en argent destiné au payement de billets
échus et protestés : frais et principal absor-
bèrent mon capital, de sorte que je me trouvai subitement réduit à cette seule campagne.

Je vis alors avec effroi, ce que peut une
mauvaise gestion, et des goûts dispendieux ;
je me rappelai, mais trop tard, le pronostic
de mon pauvre père dont la vérité, palpable
maintenant, n'avait pu m'arrêter sur le penchant du précipice. Mes réflexions étaient
tristes lorsque je me trouvais la tête sur
l'oreiller, car je ne pouvais me disssimuler
que la pauvreté me menaçait, et une pauvreté d'autant plus honteuse que j'en aurais
été l'instrument.

Tout en me promenant et en ruminant,
l'idée me vint, que je pourrais encore tirer

un excellent parti de ce qui me restait, car
je ne pensais nullement à me défaire de ceci,
j'eusse je crois mieux aimé me jeter à la
rivière. Mon jardin, mes plantes étaient ma
vie; dequel charme eût été l'existence pour
moi, lorsqu'à plus de soixante ans il m'eût
fallu renoncer à ce qui me l'avait rendue si
agréable jusque-là. Je bâtis mille châteaux
en Espagne, en résumant tout ce que je pourrais tirer de mes richesses, et confiant dans
ma nouvelle combinaison, je ne songeai plus
qu'à consulter mon jardinier. A cette fin je
le pris à part et lui dis :

— Si le ciel t'avait départi un jardin comme
le mien pour toute fortune, t'en contente-
rais-tu?

— Je serions trop riche, not' maître, répondit Célestin; ce n'est pas donné à tout
un chacun de posséder un si grand lot;
j'suis déjà ben heureux d'en être le journa-
lier.

— Mais enfin, repris-je, en supposant

que ce terrein t'appartiendrait , qu'en ferais-tu ?..

— De l'or, not' maître, beaucoup d'or !

Ici ma figure s'épanouit, et mes regards se fixèrent sur Célestin, afin de nepas perdre une seule de ses paroles.

— Il ne faut pas croire , continua–t–il, que je m'amuserais à planter comme vous un tas de babioles! pas si bête, allez... Dans un terroir comme celui-ci qui a pu de douze pieds de profondeur, s'amuser à mettre des primevères, des oreilles-d'ours, des tulipes et autre colifichets auxquels il ne faut que huit pouces de terre végétale, c'est vraiment un meurtre. Je vous flanquerais-là de bonnes tiges de poiriers, de pêchers, de pommiers d'espèces, enfin de toutes sortes de fruits dont je ne s'rais pas embarrassé de faire de l'argent.

— Mais , repris-je un peu désappointé, ne pourrait-on aussi tirer qu'elque chose de ces magnifiques fleurs que tout le monde m'envie et qui me valent tant de complimens, tant de visites ?

— Eh ! ne voyez-vous pas, not' maître, que tous ces gens disent comme vous par complaisance, et que vos bons dîners attiront encore plus de monde que la beauté de vos fleurs. C'est gentil tout de même, quand les roses, les dahlias et autres sont en pleine floraison ; je suis tout aussi fier que vous ; mais qu'est-ce que vous dites d'un verger bien entretenu, de beaux espaliers ousque la pêche vermeille et la poire de bon-chrétien où de cresâne, se disputent vot' convoitise? Çà n'a-t-il pas aussi son charme, avec çà que c'est toujours de mode et que les arbres ont beau vieillir, leurs fruits n'en ont pas moins de valeur partant qu'ils soient de bon lieu. J'avions défunt mon père, qui possédait à Surêne, un clos d'un demi-arpent ni pu ni moins ; il s'en faisait pourtant l'un dans l'autre deux bons mille francs par année. Faut dire qu'il ne perdait pas un pouce terre et

que personne ne touchiont ses arbres sinon
lui et sa serpette. A sa mort j'avons vendu
ce petit coin quarante mille francs à cause
de ce qu'était dedans ; ben sûr que si j'eusse
été seul, je l'aurais gardé pour mon usage
particulier, mais j'étions onze, pour lors! a
ben fallu s'en défaire.

— Cependant, interrompis-je, toujours
préoccupé par mon idée, puisque tu vendais
mes plantes en cachette, pourquoi ne pour-
rais-tu les livrer au commerce avec ma permission?... Ne rougis point! ce n'est pas un
reproche que je t'adresse, mais seulement
un conseil que je te demande; réponds-moi
donc franchement. Si je voulais par une raison
quelconque vendre mes fleurs, comment de-
vrais-je m'y prendre?..

— Vous not' maître, répliqua Célestin,
vous n'en trouveriez pas quatre sous. Pour
trafiquer de ces sortes de marchandises faut
s'y entendre et être breveté. On va chez un
marchand, parce qu'il est là pour vendre et

qu'il sait vous enjôler; on nous achète encore assez volontiers à nous autres jardiniers en raison de ce que nous sommmes chez le bourgeois, et que nous pouvons l'y chipper ce qu'il ne donnerait pas. Mais vous! dès que vous mettriez vot' jardin en vente il perdrait toute sa valeur; on croirait que vous avez besoin et les amateurs se réjouiraient de s'affubler de vos dépouilles à vil prix! Chacun son métier, ajouta-t-il, je retourne à mes plates-bandes; vous not' maître, restez bourgeois, çà vous va trop ben pour changer d'état.

— Et si je ne le puis, m'écriai-je, avec désespoir; si je suis ruiné et forcé de quitter mon précieux jardin, faute de pouvoir l'entretenir! Ah! Célestin. je crois que j'en mourrai!

Mes paroles et surtout mon air profondément affligé, clouèrent Célestin à la place qu'il occupait. Appuyé sur sa bêche il me regardait fixement comme pour s'assurer que ses oreilles ne l'avaient pas trompé.

— Ruiné , répéta-t-il , not' bon maître ruiné !

— Oui mon ami, hors d'état de subvenir à aucun des frais courans, de te payer ton travail et de t'aider à élever ta famille ! je ne possède plus que cette propriété d'une assez mince valeur, si on la réduit au prix de la terre. Il me faudra pourtant la vendre ou l'affermer pour me procurer du pain ; voir détruire tout ce que j'ai créé, quitter cette douce occupation qui embellissait ma vie et renoncer à de précieuses collections qui m'ont coûté tant d'argent et tant de soins. Ah ! je te le répète mon pauvre ami , j'en mourrai !

— Attendez not'maître , reprit Célestin , je suis si abasourdi de c'te nouvelle que je ne puis rien vous dire pour le moment, mais prenez un peu patience , nous voirons avec not' femme s'il n'y aurait pas queuques moyens de nous tirer tous de là ; demain je vous rendrons réponse. Il me quitta , et moi triste et pensif je continuai à me promener pour réfléchir plus à mon aise : la vue de mon jardin me faisait mal ; l'idée qu'il me faudrait, bientôt peut — être, abandonner ce lieu de délices en empoisonnait tout le charme. Je me résolus donc de rentrer dans ce pavillon qui comme vous le voyez est attenant à la serre.

A peine y étais-je que je fus distrait de mes réflexions par un bruit de voix inacccoutumé de sorte que prêtant l'oreille , j'entendis la conversation suivante : Célestin et sa femme, occupés de divers rangemens s'entretenaient sans contrainte, persuadés que j'étais encore sous la charmille où l'on venait de m'apercevoir un instant avant. Voici à peu près les termes du dialogue.

CÉLESTIN. — Puisque je te jure, foi d'homme, que je te dis l'exacte vérité ! c'est not'maître qui vient de m'conter çà lui-même, ainsi n'y a pas à en douter ; tu m'en vois encore tout bête, c'est pourquoi que je suis venu ici

ous que t'élais, car, ça me tient dans les
jambes que je n'pourrais remurer tant seulement ma bêche.

GERTRUDE. — Not'maître ruiné, sans ressources, ah! mon Dieu! quel malheur!...

CÉLESTIN. — T'es bonne, toi, avec ton
malheur, et nous j'sommes bien gras, quoique nous allons faire à cette heure.

GERTRUDE. — Oses-tu bien nous compa-
rer à not'excellent maître? t'as des bras, tu
travailleras un peu pu' fort et en conscience
n'y aura pas grand mal, car je souffrais à te
voir fainéanter comme tu faisais! mais lui,
ne peut pas travailler; il ne sait pas ce que
c'est que la peine, ses parens ne lui ont pas
donné d'état et le pauvre homme est trop
vieux à cet'heure pour en prendre un. M'est
avis qu'il est bien plus à plaindre que nous,
puisque moyennant not'métier, nous pouvons
trouver d'autres maîtres tandisque sans
argent, il ne trouvera plus de domestiques.

CÉLESTIN. — T'as raison femme, mais à

tout prendre il lui reste encore c'te propriété
qu'il pourra vendre ou affermer…. Tu n'sais
pas?…j'avions pensé à queuque chose moi;si
le bourgeois loue son jardin autant vaudrait
que ce fut à nous qu'à d'autres et quand on
l'aura estimé je pourrons voir d'après le prix
à faire ce coup-là….

GERTRUDE. — M'en préserve le ciel ! dépouiller celui qui depuis dix ans nous comble
de bienfaits ! mettre dehors l'homme charitable qui nous a recueillis , et nous enrichir
de sa misère, plutôt mendier not'pain!….

CÉLESTIN. — Mais écoute donc, femme,
il n'est pas question de renvoyer not'bon
maître pour nous mettre en sa place ! fi
donc…. Tu ne connais pas encore Célestin
et s'il est un peu fainéant,faut pas pour cela
l'y ôter le cœur; v'là comme je l'entends : il
y a ici près de trois arpens , n'est-ce pas ?
j'prendrions pour not'compte le grand parterre qui est devant la maison , et l'autr
grand terrain ous qu'il y a tant de dahlias

Quant au petit clos du bout je le laisserais à
not'bourgeois pour qu'il pût encore s'amuser
un brin. Je planterais tout çà en arbres
fruitiers un peu forts vois-tu, réservant
toutefois de quoi faire un beau potager enfin
je travaillerais comme défunt mon père et
j'suis sûr que j'réussirais comme lui, car je
me souviens joliment de ses leçons et pour ce
qui est de la taille et du palissage je ne crains
qui que ce soit !

GERTRUDE, (toute radieuse). — Et moi
mon bon Célestin, heureuse et fière, d'être
la compagne d'un si brave homme, je redou-
blerais de zèle pour t'aider ; nos enfans
grandissent, ils pourraient déjà t'être utiles
à une quantité de petits ouvrages, car puisque not'maître est ruiné, nous ne pouvons
plus faire de nos gas que des jardiniers comme nous.... not'maître renverrait ses domestiques.

CÉLESTIN. — Parguenne, t'y ferais la
soupe en cuisant la nôtre.

GERTRUDE. — Fanchette sa filleule qu'il aime tant, aurait soin de la chambre et raccommoderait son linge et le nôtre en lui tenant compagnie.

CÉLESTIN. — Et moi aux heures des repas et le dimanche je l'y arrangerais gentiment son petit coin de jardin.

GERTRUDE. — De cette façon nous ne le quitterions jamais et lui serions encore redevables de not'bien être... Si t'es capable de tout çà, mon homme, je t'aimerai cent fois davantage.

CÉLESTIN. — Touche-là, femme et compte sur moi, tu verras ce que peut Célestin quand ça y fait plaisir. A ces mots les deux époux se jetèrent dans les bras l'un de l'autre, et moi ne pouvant plus contenir mon émotion, j'éclatai en sanglots qui furent entendus de ces braves gens. Tous deux accoururent et croyant que mes pleurs venaient du sentiment de mes chagrins ils cherchèrent à me consoler.

Ne vous désolez pas not' maître, dit Gertrude en prenant affectueusement ma main;
écoutez tant seulement une prière que nous
venons vous faire, et dites que vous ne nous
abandonnerez pas, nous serions trop malheureux! vl'à mon homme qu'est un bon ouvrier, vous le savez. C' n'est pas pour le flat-
ter, mais y s'connaît à tout en général et si
vous voulez...

— Je sais ce que vous allez me proposer,
mes enfans, interrompis-je, et si mes larmes coulent, ce n'est plus que d'attendriss e-
ment, car il y aurait ingratitude euvers la
Providence à se trouver encore infortuné,
lorsque dans son malheur on rencontre des
cœurs comme les vôtres. J'ai entendu ce que
vous avez eu la générosité de projeter ensemble; je l'accepte avec reconnaissance. Seulement je ne vous loue pas mon terrein mais
je vous l'abandonne; tirez-en tout ce que
vous pourrez! plus il fructifiera dans vos
mains, plus je serai satisfait. Vous louerez

aussi la maison pour votre compte si vous
le voulez, car pour moi je me retire dans ce
pavillon où votre amitié me soignera plus
facilement, et d'où je jouirai de vos travaux.
De ce moment traitez-moi donc comme un
vieux père, puisque je vous affectionnerai
désormais comme de véritables enfans! » Célestin fit encore quelques difficultés pour que
j'eusse à fixer un prix à ma propriété, mais
sa femme lui fit signe de se taire, et je l'entendis qui lui disait à demi-voix :

« — Sauvons-le d'abord de son désespoir
« nous verrons bien après. »

« Gertrude avait raison : je n'eusse certainement pas survécu à la perte totale et instan-
tanée de mon jardin, à l'abandon de toutes
mes plantes. Par le biais que je venais de
prendre, les sacrifices ne devant avoir lieu
que petit à petit, furent moins pénibles. Je
congédiai d'abord cuisinière et valet de chambre, ce qui ne me priva aucunement car fort
sobre de ma nature, je trouvais chaque jour

mes petits repas aussi soignés qu'au temps de ma splendeur. Gertrude ayant longtemps travaillé à ma cuisine, connaissait parfaitement mes goûts et je puis dire avec vérité, que s'il y eut changement ce fut en bien , son affection remplaçant avantageusement le savoir.

«Quand vint l'automne, Célestin commença les travaux ruraux comme nous en étions convenus à l'avance. Par une délicatesse que je sus apprécier, le premier soin de ce digne ami, fut d'arranger de suite la part qui m'était réservée : nous mîmes donc dans ce petit espace tout ce qu'il put contenir. Grâce à l'intelligence et au goût de Célestin je fus étonné moi-même de la quantité de choses que je sauvai du naufrage, et j'attendis avec impatience le printemps pour voir sortir de terre mes immenses richesses. Il procéda ensuite à la plantation de ce qui lui restait ; c'est alors que j'admirai ce que peut le génie aidé d'un travail soutenu. Célestin depuis qu'il était maître de son affaire n'arêtait pas une minute, et je ne crois pas exagérer en disant qu'il travaillait comme quatre Célestins d'autrefois. Ses plantations terminées, il tendit toute son aptitude vers le potager lequel devait produire bien plus vîte que les arbres qui, pourtant furent choisis assez forts. Jamais je ne vis une activité telle, et je tombais de mon haut lorsque j'assistais au chargement de la charette qui conduisait la nuit à Versailles, des champignons, des choux, des salades et différentes herbes, le tout pour ainsi dire improvisé, puisqu'il n'y avait que quelques mois d'écoulés depuis l'affranchissement de Célestin.

Un jour que je lui faisais mon sincère compliment sur l'activité qu'il déployait, je ne pus m'empêcher de glisser parmi mes éloges une légère critique sur le passé.

— La position est bien différente, me répondit franchement ce brave ouvrier; jadis mes gages couraient toujours et s'il manquait

queuque chose à ma famille, not' bon maître
était là, tandis qu'aujourd'hui mes enfans
n'ont que moi pour les soutenir et not' bon
et excellent maître fait partie de la famille !
Çà donne du cœur au ventre çà, bourgeois !

« Célestin, messieurs, à toujours eu de ces
réponses qui tirent des larmes parce qu'elles
viennent de l'âme. Les plantations prospè-
rent au delà de toute prévision, on dirait
vraiment que Dieu bénit la nouvelle destination de cette propriété, car c'est une véritable terre promise. Si les fruits y réussissent
comme vous le voyez, les légumes y sont
aussi remarquablement beaux. On connaît
sur le marché les productions de Château-
Fort et on les recherche particulièrement,
ce qui assure à mes bons fermiers un revenu
assez considérable, et exempt de toute
mauvaise chance car avec des soins et des
bras, on combat même l'intempérie des
saisons.

« Vous le voyez, ma maison est devenue une véritable ferme ; le cheval qui conduisait mon cabriolet, mène au marché nos denrées et sert au manége ; j'ai acquis un porc, une autre vache et des volailles, qui ont fait un fonds dont l'entretien ne me regarde plus, mais dont je profite, car le meilleur lait, les œufs les plus frais et les jeunes poulets me sont toujours réservés et offerts avec un empressement qui en double le prix. Je me fâche souvent quand j'apprends que la famille Célestin dîne avec une firicassée de choux ou de pommes de terre, tandis que moi qui ne fais rien, suis servi comme un prince.

— N'êtes-vous pas notre Seigneur me disait un jour Célestin à ce propos ? à qui appartient c'te bonne terrre qui nous fournit cent pour un ! et tout ce matériel que j'naurions jamais pu acquérir et qui pourtant est indispensable à l'exploitation ? tout est à vous, je n'sommes que vos débiteurs et j'vous

d'vons not'félicité d'tous les jours ainsi donc
comme on dit ; *a tout Seigneur, tout honneur*.

— Et celui qui fait valoir toutes ces choses
n'est-il rien à ton avis repris-je, honteux de
la part glorieuse que me donnait Célestine :
fais nn juste parallèle entre toi et moi , mon
bon ami, et vois qui des deux doit l'emporter
dans la balance de l'équité? Je possède il est
vrai, le hasard m'a favorisé et je suis de fait
propriétaire de plus de terre qu'il n'en faut
pour nourrir et entretenir une nombreuse
famille ; mais par mon inertie, mon peu de
capacité, je ne pourrais en rien tirer. Cette
richesse au contraire me deviendrait onéreuse
et je serais forcé de la donner à vil prix, faute
de l'intelligence nécessaire pour l'exploiter.
Dieu m'a fait naître riche et je n'ai su que
dissiper follement les présens de la Providence
jusqu'au point d'être à charge à ceux-là même qui me devraient leur existence si j'eusse
eu plus de discernement : ton rôle à toi est tout
différent et bien plus honorable : le sort t'a

refusé les faveurs dont je n'ai pas su jouir et cependant tu as eu l'art d'être supérieur à la fortune et de la maîtriser ; ton savoir-faire et ton travail te feront amasser bientôt ce que je n'ai pas même su conserver. Sans rien en propre, tu élèves une famille, emploies des hommes qui te doivent leur pain , et soutiens dignement un vieux maître qui n'a d'autre mérite que celui d'apprécier à sa juste valeur une telle conduite ! crois-moi, mon cher, un subalterne comme toi vaut mieux que les grands de la terre et si l'un de nous doit du respect à l'autre , c'est à moi de me prosterner.

— Allons donc not'maître, vous nous feriez pleurer en disant de si belles choses , ajouta encore Célestin, car, messieurs tout ceci est textuel et pour ainsi dire écrit dans mon cerveau, c'est vrai que je travaillons avec courage et que j'ons ben du plaisir à soigner pendant mes instans perdus les fleurs qui vous plaisont tant! mais ous qu'est le mérite? Si je suis bon serviteur c'est que vous fûtes le meilleur des maîtres et que je vous dus jusqu'ici mon repos et mon bonheur. N'est-ce pas vous qui m'avez baillé ma pauvre Gertrude? N'êtes-vous point le parrain de ma petite Fanchette et lorsque la famille a augmenté ne nous avez-vous pas retirés tous, parce que vous avez bien vu que cela ne pouvait plus aller sans çà. Si ma fille et mes garçons savent lire, à qui le devons-nous, si ce n'est à vous? Enfin aujourd'hui même, si j'fesons si ben nos affaires moyennant un brin de mal, n'est-ce pas encore vous qui en êtes l'auteur? aurais-je autant de courage si vous n'étiez pas là à surveiller mes travaux et la peur que vous ne nous quittiez, ne nous retient-elle pas tous dans le devoir. D'mandez plutôt? si un de mes gas fait le rétif, j'ai qu'à lui dire j'men vas appeler le bourgeois et il obéit sur-le-champ. Quand Gertrude gronde un peu trop fort les enfans, la menace de vous le dire la calme sur l'heure!.. et moi donc! moi qui vous parle, si j'entre au cabaret dans mes excursions en ville, je me garde ben d'en prendre un peu trop dans la crainte de vous fâcher !

— Mais comment donc lui demandai-je encore, étais-tu si différent de ce que tu te montres aujourd'hui, mon bon Célestin, quand tu étais à mes gages ?

— Je vous l'ai déjà dit, not'maître, les choses ne sont plus su l'même pied ; j'étais ben sûr que vous n'me chasseriez pas parceque je vous connaissais à fond, mais au jour d'aujourd'hui vous pourriez ben vous sauver ma fine si je n'me comportais pas comme il faut et voyez-vous not'maître je ne m'en consolerais jamais, quand même vous m'laisseriez encore vot'terrein, car on ne m'ôtera pas de l'esprit que vous me portez bonheur. Depuis que je vous connais tout me réussit : voyez plutôt nos plantations si çà ne fait pas plaisir à regarder ! » tels étaient en substance nos entretiens quand j'entamais la conversation avec cet honnête garçon.

« Les trois premières années Célestin ne retira de notre jardin que de quoi entretenir la maison, mais depuis lors, les fruits rapportent beaucoup , attendu qu'ils sont des plus beaux et se vendent à Paris à des marchands de luxe. C'est encore l'exemple de son père qui a guidé Célestin dans cette marche , il a fait ce qu'il lui avait vu pratiquer jadis pour l'écoulement de sa marchandise et nous nous en trouvons fort bien. Je dis nous, car il m'a fallu entrer en arrangement depuis que le verger donne; Célestin et Gertrude ont exigé que je fusse pour un cinquième dans le produit annuel indépendamment de mes droits de prélèvement sur les produits bruts. J'y ai consenti bien décidé à leur rendre en masse ce qu'ils me font accepter en détail. A mon âge on a peu de besoins et d'ailleurs ces braves gens volent au devant de tout ce qui peut m'être nécessaire. Mes désirs sont bornés depuis que je ne vois plus ceux qui me faisaient envie et malgré l'exiguité de mon revenu , j'ose dire que je ne suis pas moins heureux qu'à l'époque ou j'avais l'entière disposition de tout mon bien.

Si je n'ai pas autant d'espace pour mes fleurs je dois avouer aussi que mes forces ayant diminué , mon goût s'en est ressenti , d'ailleurs la culture est une ; celui qui l'aime véritablement s'intéressera autant à la prospérité d'un bel arbre vulgaire qu'à celle d'une plante rare. Pour moi je me suis tellement identifié avec ce qui pousse autour de moi, que mon premier soin chaque matin est de faire l'examen des bourgeons , fleurs et fruits selon la saison. Je suis heureux comme un jeune enfant lorsque les cerises se nouent ! il n'est pas jusqu'au potager qui n'attire ma sympathie, je le parcours avec un plaisir extrême et me réjouis franchement à la vue d'une salade que le mauvais état de mes dents m'interdit de manger ou à celle d'un

·chou pommé que mon estomach ne digérerait pas. Si vous joignez à cela le charme que j'éprouve au milieu de ce bosquet solitaire, entouré de mes fleurs et des arbustes que j'affectionnais jadis, vous verrez messieurs que je suis parfaitement heureux ; d'abord, parce que Dieu, dans sa volonté, a placé sur ma route de braves gens au cœur d'or, ensuite parce que j'ai su me soumettre à ses décrets et borner aux moyens qu'il lui a plu de me laisser les goûts qui causèrent naguère ma perte. »

Berthon et Taupin donnèrent de grands éloges au vieux Basseville sur sa raison. Berthon surtout s'extasiait de ce qu'après avoir été si renommé pour ses richesses en horticulture, on pût se contenter de si peu. Il ne comprenait pas ce degré de philosophie parce qu'il était au fort de la fièvre et qu'il ne voyait aucune jouissance capable de remplacer celle d'obtenir une nouvelle variété ou de posséder seul une fleur que tout le monde lui enviait.

— Je m'étonne dit M. Basseville que vous
exaltiez si haut une philosophie d'autant plus
naturelle qu'on se lasse de tout, même de
l'horticulture (vous m'en direz des nouvelles
dans dix ans, quand vous aurez atteint mon
âge) mais surtout je ne comprends pas que
vous vous taisiez sur l'admirable conduite de
mon jardinier et de sa femme.

— C'est que je ne lui trouve rien de bien
extraordinaire, répliqua Berthon et je suis sûr
que le camarade Taupin qui ne dit rien est
de mon avis. Dans tout ce que vous nous avez
raconté, je ne vois guère que ces gens d'a-
vantagés. Ils vous traitent bien et c'est quelque chose, mais n'ont-ils pas trouvé un immense bien-être à se conduire avec vous
comme ils l'ont fait? au lieu d'avoir à chercher une autre condition qu'ils eussent sans
doute attendue longtemps, ils se sont emparés
d'un beau et bon terrein , l'ont ensemencé,
planté avec les ressources qui vous restaient
encore ; en un mot ils se sont fait, des débris
de votre fortune, une position fort avanta-

geuse; en place de payer très cher un loyer s'ils eussent pris ce parti , ils s'associent avec vous qui mettez le mobilier et le foncier moyennant la vie en retour seulement. Assurément vous eussiez trouvé à faire ce marché avec tout le monde.

— Peut-être, reprit Basseville ; mais leur tendresse, leurs soins , les petites attentions dont on me comble, enfin ces enfans qui sont presque les miens, à en juger par les prévenances dont ils m'entourent sans cesse... qui me rendrait tout cela ?..

— Vous avez fait aussi beaucoup pour eux en ce genre reprit Taupin, et puis ces chers enfans ne sont pas assez petits pour ne pas voir ce qu'ils peuvent gagner à votre amitié. Fanchette par exemple est une jeune fille quasi bonne à marier. Qui sait si elle ne choie pas le parain dans l'espoir d'une dot ?

— Qui sait encore, interrompit Berthon, si toute cette nichée ne compte pas sur l'héritage ? car franchement je crois que le bon

homme Célestin lorgne cette propriété et
qu'il ne se donnerait pas tant de mal pour
un bien qui pourrait lui échapper d'un moment à l'autre par la mort du propriétaire,

— Quoi ! vous pourriez supposer ces gens
assez interressés et assez hypocrites, reprit
le vieux Baneville, pour avoir basé leur
conduite sur l'espoir de mon héritage ? Ah !
non, c'est impossible, continua-t-il, d'un air
vivement frappé : il est certain que touché
de leur dévoûment pour moi, mon intention
était de les instituer mes héritiers puisque je
suis absolument sans famille; j'avais aussi
l'envie de réunir les quelques joyaux qui me
sont restés pour faire une petite dot à ma filleule, et de plus, j'amassais scrupuleuse-
ment le revenu de l'argent dont je vous ai
parlé, pour empêcher un jour les fils d'être
soldats ; mais je vous jure que je n'ai jamais
dit un mot de mes projets à pas un.

— Ils les ont devinés, reprirent les deux
amis, et c'est pour cela qu'ils vous choient

ainsi ; trop heureux si cela dure au delà des prétentions qu'ils ont sur votre avoir ; dans tous les cas, ne vous désaisissez de rien de votre vivant, et si vous faites un testament, que ce soit à leur insu, car les hommes sont si pervers qu'il faut tout en redouter !

Ces derniers mots assombrirent terriblement le front du vieillard. Il se leva comme pour terminer cette conversation qui paraissait le fatiguer et mena ses convives admirer ce qui lui restait de sa splendeur passée.

Il était deux heures et demie ; chemin faisant, ils rencontrèrent les trois jeunes garçons et la jolie Fanchette qui regagnaient chacun leurs travaux.

— Nous vous avons attendu, parrain, dirent-ils en apercevant leur vieux maître ; maintenant l'heure sonne, il faut reprendre l'ouvrage. A ce soir donc, vers six heures, mes frères et moi nous vous rejoindrons pour la leçon que vous savez.

— Il n'est pas nécessaire, répondit Bas-

seville, je suis trop las pour présider à quoi
que ce soit.

— En ce cas parrain, reprit gaîment Fanchette, nons nous mettrons tous quatre à
arroser votre jardin, il a fait si chaud qu'il
doit avoir bien soif et nous sommes si contens
lorsqu'à votre réveil nous vous voyons frot-
ter vos mains de joie, à l'aspect de cette
fraîcheur qui vous est presque aussi salutaire
qu'à vos plantes mêmes... Eh bien! parrain
vous ne m'embrassez pas! et voilà mes frères
qui s'éloignent sans que vous leur ayez tendu
la main?

Le vieillard posa ses lèvres sur le front de
la gentille Fanchette en soupirant; son cœur
oppressé pouvait à peine se contenir, quelque chose de douloureux l'étouffait.

On se promena longtemps; M. Basseville
avait perdu spontanément la gaîté qu'il avait
le matin. Cependant il fit à merveille les honneurs de son jardin, et redevint même brillant lorsqu'il nomma fièrement ses tulipes les

unes après les autres et qu'il fit remarquer celles qu'il préférait. Il désigna aussi ses roses qui bien qu'en boutons seulement, faisaient jeter des cris d'admiration à Berthon comme s'il les eût vues dans leur éclat :

— Étourdissant... renversant... admirarable !... s'écriait-il à chaque nom articulé par l'heureux possesseur qui, encouragé par ces éloges fit admirer une à une la tête de ses églantiers.

Taupin tout-à-fait étranger à cet enthousiasme de convention, regardait souvent du côté du verger, car ayant entendu vanter les espèces d'arbres, il n'eut pas été trop fâché d'en reporter chez lui quelques greffes.

Enfin après les salamalecs d'usage entre horticulteurs, on fut forcé de quitter le petit jardin-fleuriste, sous peine de recommencer sur nouveaux frais et l'on s'achemina dans le reste du territoire. Basseville se montra encore fort savant pour tout ce qui se rapportait aux arbres et à leur taille; c'était pres-

qu'une leçon,dont Taupin profita car il reçut
chemin faisant d'excellens avis. Il présenta
ensuite sa requête , quant à des greffes ;
mais comme on lui observa que ce n'était
pas le temps, il promit de revenir à l'automne et Basseville moyennant cette promesse,lui accorda par avance tout ce qu'il
demandait.

— Vous verrez en même temps ma collection de dahlias, ajouta-t-il, et je crois que
vous en serez content.

— Pour cela, dit Taupin, on en a de nos
côtés, moi–même en ai planté pas mal cette
année , des jaunes , des rouges , des blancs,
autant que mon jardin en peut contenir sans
que cela nuise à rien.

— Mais mon cher, reprit Berthon, je t'ai
déjà dit que les fleurs ne peuvent se compa-
rer entre elles; il y a dahlias et dahlias, comme il y a tulipes et tulipes, roses et roses, etc.,
quand tu verras ceux-ci, tu brûleras les
siens en suppliant qu'on te favorise de quel-

ques rognons, car je suis sûr que vous êtes en Auvergne pour les dahlias comme l'homme du boulevard d'enfer relativement aux tulipes. Ils viennent tous du même de dix lieues à la ronde ! A ce propos Berthon conta fort gaîment la rencontre qu'ils avaient faite au Luxembourg et le désappointement vraiment comique que cela avait amené.

Rasseville rit de bon cœur à ce récit, mais bientôt dominé par ses réflexions, il retomba dans un abattement visible. Vers six heures les deux visiteurs prirent congé de leur hôte, qui les engagea cordialement à revenir soit aux roses, soit aux dahlias. Gertrude qui se trouvait-là, unit ses instances à celles de son maître :

— Ne nous oubliez pas, leur dit-elle avec cet air de franchise qui touche le cœur; et faites-nous prévenir un jour à l'avance afin que nous puissions vous mieux régaler; j'sommes si joyeux quand not' bon maître a queuque distraction et qu'il voit d'autres visages

que les nôtres ; pour un homme comme lui
nous sommes ben rustres.

Le matin encore, cette boutade de modestie eût attiré à Gertrude une parole af-
fectueuse, alors elle demeura sans réponse..
le charme était rompu !

Berthon et son ami revinrent heureusement
à Paris très satisfait de leur tournée qui cependant fut la dernière que se permit Taupin
car dès le lendemain, il s'occupa comme il
l'avait dit, de l'objet relatif à son voyage ;
puis il remonta dans la diligence de Clermont
et arriva à ce qu'il paraît, sans encombre
au village où l'attendaient une femme et des
enfans dont la joie égala au moins la sienne.
Heureux les bons maris, les bons pères, ils
goûtent par avance les joies célestes et par-
ticipent, dès ce monde, aux félicités qu'on
nous promet dans l'autre.

Taupin, fidèle à la parole qu'il avait donné
à son ami Berthon et désireux d'enrichir son
verger de nouvelles espèces, ne tarda pas à

se remettre en route pour Paris à l'époque dite, malgré la petite dépense en plus que cela occasionnait, car en outre des voitures et frais obligatoires, il fallait bien se charger de commissions qui doublaient au moins le prix du voyage. Néanmoins il se décida et trouva Berthon frais et dispos, prêt à lui faire recommencer pour les dahlias, la vie qu'il lui avait fait mener à l'occasion des tulipes.

— Écoute, lui dit son camarade, je n'ai pas fait le moindre progrès en horticulture lors même de mon dernier séjour ici et j'avoue franchement que je ne suis qu'une bête pour qui les hautes régions restent inabordables. Permets-moi donc d'admirer ton jardin dans son ensemble, et de n'aller avec toi que chez le bon vieillard de Château-Fort. Cet homme m'a singulièrement plu, et puis ma visite est comme tu le sais un peu intéressée. Allons donc chez lui le plutôt possible car je ne compte rester qu'une semaine hors de chez moi.

D'après ces raisons qu'il fallut bien trouver bonnes, tous deux partirent le lendemain pour Versailles et de là ils se dirigèrent sur Château-Fort dont ils connurent cette fois parfaitement le chemin. Toute la maison se réjouit de leur arrivée, M. Basseville vint à leur rencontre avec affection et Gertrude les gronda de ne l'avoir pas prévenue comme ils le lui avaient promis et d'avoir encore choisi un jour maigre.

— C'est comme un fait exprès, ajouta-t-elle en riant, mais j'ai un gros canard que je réservais pour une bonne occasion; je ne puis pas en trouver de meilleure, partant son affaire est faite...

— Voilà aussi, interrompit Taupin en lui remettant un panier, une production de mon pays; c'est un pâté de Clermont et quelques friandises pour ceux qui ont de bonnes dents.

— Cela me passera devant le nez interrompit Basseville en souriant, et à nous aussi répliqua Taupin, car je ne crois pas que l'ami

Berthon soit bien fort en fait de dents ! mais il y a ici de jeunes gaillards qui croqueront à merveille le nougat et autres drôleries de ce genre ; nous réserverons pour notre usage les quelques boîtes de fruits confits que ma femme y a jointes à votre intention. Les éclats de rire recommencèrent à l'ouverture du panier qui était fort bien fourni ; puis on offrit un léger déjeuner aux arrivans, en réservant les provisions pour le dîner que Gertrude s'engagea à préparer pour quatre heurs sans faute.

— Je suis bien contente de vous voir, dit cette bonne femme anx deux amis , pendant que son maître était absent : je ne sais ce qu'a notre bourgeois ; il est triste et souffrant depuis plusieurs mois ; nous avons beau l'interroger, le supplier de faire venir quelqu'un , il prétend que ce n'est rien et pourtant son mal empire ; la petite Fanchette dit l'avoir trouvé plusieurs fois pleurant seul : jugez messieurs de notre inquiétude. Il nous

tardait que des personnes de sa connaissance
vinssent pour les consulter ! Vous, monsieur,
continua-t-elle en s'adressant à Berthon,
vous qui êtes son ami depuis si long-temps
vous nous donnerez j'en suis sûre un bon
conseil ; regardez-le bien, parlez-y de son
·état et puis dites ce qu'il faut faire pour le
soulager ; rien ne nous coûtera dès qu'il
s'agira de sauver notre bon maître ! et des
larmes remplirent subitement les yeux de
l'excellente Gertrude.

Les deux amis remarquèrent effectivement
un changement notable dans la santé du
vieux Basseville. Son air était taciturne, sa
démarche lourde et traînante ; il ne se prêtait qu'avec peine à la conversation et son
jardin même ne semblait l'intéresser que
médiocrement. Promptement fatigué il se
retira au fond d'un bosquet où ses hôtes le
suivirent avec l'intention formelle de chercher
à découvrir, en le questionnant, la cause du
mal dont ils reconnaissaient les funestes effets

— Nous n'avions pas vu ce réduit , dit
Berthon , pour entrer en matiére il est nouveau ce me semble ?

— Oui, répondit Basseville , c'est encore
une attention de mon jardinier : comment il
a observé que mes forces diminuaient, il m'a
construit çà et là des repos agrestes... Voyez
dans le potager, dans le verger, partout,
on trouve des bancs couverts d'un berceau
que les enfans s'amusent à construire en
treillis. C'est, disent-ils, pour conserver le
crâne de leur bon maître et afin qu'il vive
plus long-temps... Ces derniers mots furent
prononcés avec une acrimonie visible. Il y
eut un moment de silence après quoi Taupin,
pour dire quelque chose, demanda à Basseville s'il aimait les pâtés ?...

— Je n'aime plus rien, répondit-il tristement et ne prends guère que du laitage ; ils
prétendent que cela me fera vivre dix ans
de plus ! il y eut encore une affectation remarquable dans cette dernière phrase.

— Vous n'êtes cependant pas malade demandèrent encore les deux amis en insistant beaucoup sur la question.

— Non, dit Basseville avec effort, tout mon mal vient de là, et il indiqua sa tête. Je ne dors plus tranquille, mes jours sont tristes et longs, enfin s'il faut que je vous le dise, je suis aussi malheureux aujourd'hui, que vous m'aviez trouvé résigné et content lors de votre première visite.

— Et d'où vient ce changement s'écrièrent à la fois Berthon et Taupin, également affectés de l'état du pauvre horticuleur ?...

— D'où vient cela, reprit ce dernier d'un air sombre ! ne vous souvient-il plus de ce que vous me dîtes, il y a six mois ? dupe de tout ce qui m'environnait, confiant dans la foi des hommes, je vivais en aveugle. Vos discours m'ont éclairé, désillusionné, perdu ! oui messieurs perdu...! car au lieu de ceux que j'aimais jadis en raison de la tendresse qu'ils me témoignaient, je ne vois plus que des êtres vils et faux, spéculant

sur mes dépouilles, et calculant froidement
le nombre d'années qui me reste à vivre.
Hélas, messieurs, du jour où vous m'avez
fait entrevoir cette triste vérité je n'ai plus
eu de tranquillité d'esprit ni de plaisirs; lorsque Célestin parle d'amélioration, j'aperçois
le but qui le fait agir ; s'il désire l'année suivante par anticipation, j'imagine que c'est
dans l'espoir que l'hiver m'aura emporté ;
quand ses enfans m'entourent et se livrent
à la joie naturelle à leur âge, je souffre de
leur gaîté et suppose qu'ils se moquent de
moi. Enfin le croiriez-vous, messieurs, ma
terreur est telle que je ne me mets jamais à
table sans frémir devant ce repas apprêté par
Gertrude et qu'elle semble me présenter avec
tant d'affection ! Oh cette vie est affreuse
sans doute, je ne saurais y résister long-temps
et leurs vœux seront bientôt comblés !

Les deux amis consternés écoutaient Basseville avec une sorte d'horreur, persuadés que
ses préventions étaient fondées : Berthon
prit gravement la parole.

— Vous ne sauriez, dit-il, vous soustraire trop tôt à une telle souffrance, Il faut chasser au plus vîte ceux qui vous causent un semblable effroi.

— Chasser cette famille sur de simples soupçons ! interrompit Basseville vec indignation ; cela ne se peut, car ce serait une grande injustice.

— Eh bien, reprit Taupin quittez-les en les laissant vos fermiers et retirez-vous en province, du côté de chez moi, on y est à merveille et la vie coûte fort peu.

— Je ne puis pas plus les abandonner que les chasser, repartit le vieillard, ne voyez-vous pas qu'ils sont devenus le centre de toutes mes affections ? à mon âge il est difficile de prendre de nouvelles habitudes, de contracter de nouveaux liens !... J'étais si bien ici avant la fatale inquiétude qui s'est emparée de moi pour empoisonner mon existence ; car enfin je n'ai rien de positif à leur reprocher, et si je ne voyais au travers de leurs soins constans, l'intérêt personnel qui les guide, mon sort serait encore digne d'envie !... mais ne croire à rien, vivre dans une perplexité continuelle qui ronge mon existence!. ., Ah! si cela dure j'en mourrai certainemeut.

— A votre place, dit Berthon, j'aurais bientôt vérifié le fait ; ou ces gens vous sont dévoués et alors il est affreux de les soupçonner à tort, ou, ce que je penche toujours à croire, ils ne vous choient que pour attirer à eux le peu que vous possédez ; dans ce cas ils ne mériteraient ni ménagemens ni regrets. A votre place, dis-je, et pour ne pas vivre plus long-temps ainsi, je leur ferais une belle histoire, par laquelle je leur prouverais que cette propriété ne m'appartient plus et que pour le coup, je suis complètement ruiné. Leur conduite alors, ferait foi de leurs sentimens et vous allégeriez votre cœur d'un poids qui doit être insupportable.

Cette idée sourit tellement au vieillard qu'il en retrouva presque sa gaîté . Merci mon cher Berthon, dit-il, je suivrai votre avis et quel qu'en soit le résultat je vous en saurai tout le gré possible, puisque vous m'aurez délivré d'une incertitude plus cruelle que le mal même. Mais il faut que vous m'aidiez dans cette comédie, dont le dénoûment m'intéresse si fort ; à moi seul je n'aurais jamais le conrage de les affliger ; j'aime encore à m'abuser sur leur compte et à croire leur attachement sincère. La conviction contraire, s'il faut que je l'aie, me sera bien pénible. N'importe, il le faut, j'aime mieux mourir du chagrin de leur ingratitude que de languir en les accusant peut-être sans fondement.

Le diner fut plus gai que la matinée n'avait paru le présager; Gertrude, enchantée de voir sourire son maître, ne le quittait presque pas; elle le couvait du regard avec une sollicitude toute filiale; on servit un beau melon d'arrière saison ; il se trouva parfait : chacun en complimenta Célestin,

qui vint au dessert apporter encore un sala-
dier de fraises.

— Ma foi , dit-il en se rengorgeant , ce
melon est le dernier ; je l'avions promis à
une de nos meilleurs pratiques de Versailles ,
mais le bourgeois n'a pas si souvent des amis,
bernique pour la pratique, elle s'en passera.

— Je vous remercie dit Basseville, empor-
tez ce qu'il en reste et arrosez-le d'une
bouteille de mon meilleur Bordeaux.

— Volontiers not'maître , reprit Célestin
en ôtant sa casquette, j'allons le sabler à
votre santé. Puissiez-vous vivre autant que
nous ; je ne dis pas plus , parce que m'est
avis que nous vous ferions faute.» Basseville
éprouva une vive émotion à ces paroles et
fut obligé de sortir de table pour la dissimuler. Gertrude désespérée de l'indisposition
subite de son bon maître s'écria ;

— Je savais bien moi,que le melon lui
ferait mal, t'aurais mieux fait parguenne de
le porter à Versailles. une autrefois not'maî-

tre ajouta-t-elle lorsqu'il rentra , laissez-
vous conduire par Gertrude et ne mangez
que ce qu'elle vous offrira ; alors vous serez
bien sûr de ne jamais rien prendre de mauvais. Ici la figure du vieillard se couvrit
d'une légère pâleur. Les deux amis qui le
devinèrent, cherchèrent à le distraire afin de
chasser le nuage qui obscurcissait son front.
Après le repas et pendant qu'on se réjouissait
à la cuisine, Basseville et ses deux compagnons tracèrent leur plan et en remirent
l'exécution à quelques jours de là afin que
Taupin fût présent et aidât au besoin au
dénoûment de ce petit drame. Il fut convenu
que dès le soir même, ces deux messieurs que
Célestin devait reconduire en carriolet jusqu'à
Versailles, semeraient l'inquiétude dans son
esprit en lni parlant d'affaires relatives à la
propriété et en ajoutant qu'il serait possible
que l'issue prochaine d'un procès, dépouillât
complètement le possesseur actuel, ce qui le
laisserait absolument sans ressources.

Rien ne fut plus facile que d'effrayer le simple et crédule Célestin. Tout en s'étonnant avec raison que son maître lui eût caché cette circonstance, il crut aveuglément tout ce qu'il plut à Berthon de lui insinuer. Dès lors il comprit la tristesse qui consumait son bourgeois depuis tantôt six mois. Entièrement étranger aux affaires, il ne s'informa ni des pourquoi ni des comment, il ne vit que le résultat et en parut profondément affligé. Ces messieurs causèrent longtemps entre eux toujours dans le même sens ; Célestin occupé à fouetter le cheval et à éviter les ornières du chemin de traverses, ne laissait pas que de prêter une vive attention aux discours de ses compagnons, sans pourtant placer un seul mot. Quand on fut à Versailles, Taupin voulut glisser une pièce d'argent dans la main de Célestin : celui-ci refusa obstinément tout salaire pour la peine qu'il venait de prendre; avec la dignité de la condition, était né l'orgueil mais cet orgueil que doit avoir tout homme laborieux, qui rompt le joug de la servitude pour se faire ouvrier. En effet Célestin n'est plus un garçon à gages, auquel on peut offrir un pour-boire comme à un valet, sans crainte de l'humilier; c'est un homme libre, un citoyen, un industriel, qui, s'il ne paie des impositions à l'état, est tout près d'en payer, car il a, pour toujours, renoncé au servage; l'ame de Célestin s'est agrandie par l'habitude de la bonne conduite et le travail lui montre un avenir brillant. Déjà ce bon père fait de nouveaux projets afin de soutenir dignement sa famille; tout en parcourant l'espace, il calcule ce qu'il convient d'entreprendre pour parer à la nouvelle catastrophe qui le menace; son maître n'est pas oublié dans les projets qu'il forme, aussi lui tarde-t-il d'arriver pour en conférer avec sa femme dont l'intelligence est au dessus de la sienne et qui trouvera sans doute des expédiens qui ne lui viennent pas à l'esprit.

De retour à Château-Fort, il s'enferme avec

elle afin de causer plus à l'aise. Le lendemain et les jours suivans tous deux redoublent de soins autour du vieillard; les enfans même semblent animés d'un nouveau zèle ; la gentille Fanchette ne le quitte pas un instant : sans cesse à ses côtés, elle lui chante les airs qui lui plaisent le plus, en donnant à sa voix fraîche et juste toute l'expression dont elle est capable. Le soir elle insiste pour lire auprès du lit de son parrain afin qu'il veille plus tard et dorme mieux ; enfin , le vieillard attendri par les témoignages de tant d'affection , est cent fois sur le point d'ouvrir son cœur, aux êtres qui lui sont chers , car en voyant toutes ces marques de dévoûment il se reproche amèrement le chagrin momentané qu'il va leur causer. Il a discerné sur les traits de Célestin une préoccupation qui ne lui est pas ordinaire, et dans ses travaux une espèce de découragement tout-à-fait inusité ; il semble qu'il se dise :

« Mon esprit travaille trop pour que mes bras aient leur force accoutumée.

D'un autre côté, la figure si calme de Gertrude paraît altérée; souvent même on y démêle des traces de larmes récentes. Quant aux enfans leur tendresse n'a éprouvé d'accroissement que parce qu'on leur a dit :

« Aimez bien notre bon maître, tâchez de le distraire, car il est malheurenx.

Et les enfans rivalisent de zèle et d'empressement pour se faire bien venir du patron et ranimer en lui quelque peu de gaîté. Quelques jours se passent ainsi. Basseville las de la contrainte qu'il s'est imposée, honteux des soupçons qui l'ont fait agir, presque convaincu de ses torts va tout découvrir, lorsqu'il voit par hasard sur son journal, la relation d'un crime domestique des plus hideux. Il s'agissait de deux époux assassinés par d'anciens serviteurs qu'il avait comblés de bienfaits, et qui lors de l'événement remplissaient auprès d'eux l'office de concierges. Le vol qui avait été la cause de ce crime était peu considérable et la fausseté des coupables un vrai modèle d'hypocrisie et de scélératesse. Il n'en fallut pas davantage pour monter de nouveau la tête de ce faible vieillard : dominé par la crainte, il retrouva ses terreurs et interpréta encore de travers. toutes les actions de ceux qui l'entouraient :

— Si je perds ma propriété, se dit-il, je possède à leurs yeux un mobilier qui a quelque valeur; de l'argenterie, des bijoux que sans doute ils veulent m'extorquer; d'ailleurs qui m'assure s'ils ont cru un mot de ce qu'on leur a dit, qui sait même jusqu'ou va la franchise de Berthon et de son ami Taupin; je connais fort peu ces hommes et n'ai aucune notion précise sur leur caractère et leur moralité. Ne serait-ce pas pour m'accaparer eux-mêmes qu'ils veulent déjouer les ruses d'autrui; et ce Taupin ne m'a-t-il pas déjà engagé à me fixer dans ses environs; mais ils ne réussiront pas, et si je suis indignement trompé par ceux que j'aime je n'irai

certainement pas me confier à ceux qui me
sont indifférens! Que ferai-je donc?.... Oh!
pourquoi n'ai-je pas une femme, des enfans,
des petits enfans, une famille enfin qui m'as-
siste dans ma vieillesse!!

Sa conscience lui répondit :

— Si tu es seul, ô vieillard! c'est que tu
l'as mérité, c'est que dans la force de l'âge
tu n'as obéi à aucune des lois de la nature,
qui veut qu'on élève une famille pour que
cette famille vous soutienne à son tour et
vous glorifie! c'est que la froideur de l'ame
et l'égoïsme t'ont guidé, c'est que Dieu punit
par où l'on a péché.

Basseville courbait son front humilié devant cette révélation secrète, lorsqu'on lui
remit une lettre : elle était de son ami Berthon: demain, lui disait-il, nous nous rendrons
Taupin et moi à Château-Fort, pour frapper
les grands coups et afin de donner plus de
vraisemblance à ce que nous tentons, je
mène avec moi un amateur de fleurs, qui

aura l'air d'un homme d'affaires porteur de
la grande nouvelle. Daprès ces précautions
je ne doute pas que vos gens ne soient plei-
nement abusés et ne laissent voir leur cœur
à découvert; en attendant ayez le maintien
triste et abattu, comme si cette lettre eût eu
pour objet de vous faire pressentir le malheur que vous craignez.

Basseville n'eut pas besoin d'un grand effort
d'esprit pour cela, fatigué par la crainte, dou-
tant de tout le monde il était bien réellement
malheureux et très malheureux. Qu'advien-
dra-t-il de tout ceci, pensa le pauvre homme et
lorsque je me serai prêté à cette ridicule comédie, que me restera-t-il pour mon existence fu-
ture ! rien, pas un ami, car ces mêmes hommes qui m'ont ouvert les yeux, je les crains
aussi, et de plus je les déteste, que ne me
laissaient-ils à mon erreur ! pourquoi sont-ils
venus jeter dans mon ame l'alarme et le découragement ? J'était si content lorsque je
croyais tout le monde sincère, quand je me

disais : ma vieillesse réparera les torts de la
première moitié de ma vie, je serai du moins
utile à mes semblables, en économisant pour
ceux qui m'auront aimé le peu qui me reste
et lorsque sonnera ma dernière heure, des
bénédictions et des regrets me précéderont
vers le Tout-Puissant , pour plaider ma cause
et solliciter le pardon de mes fautes. Mais
non ! Dieu refuse donc mon repentir ? puisqu'il m'ôte toute croyance dans la vertu des
hommes.

Plongé dans ses tristes réflexions, Basseville
se promène tout le jour seul, pensif, relisant
quelquefois la lettre qu'on lui avait remise le
matin. Célestin et Gertrude remarquèrent
avec chagrin la préoccupation de leur vieux
patron, et le surcroît d'inquiétudes auxquelles semblait avoir donné lieu cette fatale mis-
sive. Il n'en fallut pas davantage pour les
convaincre que l'affaire dont on leur avait
parlé, tournait mal et qu'ils allaient apprendre bientôt le fâcheux résultat du procès en

question : malgré l'envie qu'ils avaient d'être instruits , il n'osèrent pourtant questionner leur maître dont l'abattement ne faisait qu'augmenter à mesure que le temps s'écoulait ; s'ils eussent parlé, s'ils eussent peint la douleur qu'ils ressentaient, nul doute que Basseville ne leur eût ouvert son cœur ; mais il était écrit que l'épreuve aurait son cours, afin de convaincre à jamais les incrédules, en mettant au grand jour le vrai caractère de ces honnêtes gens.

Le lendemain dès les neuf heures du matin, apparurent à la grille de la maison de Château-Fort trois hommes dont deux firent sourire Gertrude qui les aperçut la première , quant au troisième elle ne pût l'envisager sans effroi ; d'abord parce quelle ne le connaissait pas, puis à cause de son air sombre et affairé.

— Votre maître est-il là demanda Berthon ?

— Oui répondit Gertrude, mais au lieu de

courir le jardin comme il le faisait ordinairement, vous le trouverez chez lui triste et
solitaire, comme s'il souffrait ou fût bien
malheureux. Cela nous fait une peine horrible ! « Et la bonne femme fondit en larmes
en prononçant ces mots.

— Nous allons le joindre, ajouta Berthon,
et nous ferons notre possible pour ranimer et
soutenir son courage. Ces paroles firent re-
doubler les sanglots de Gertrude car elle ne
douta plus qu'on ne vînt annoncer à son maître de funestes nouvel'es; ne pouvant contenir sa douleur elle chercha son mari dans
l'intention de la lui faire partager. Les arrivans s'entretinrent longtemps avec Basseville,
après quoi ce dernier fit dire à Gertrude, par
un de ses enfans, qu'elle eût à préparer le
déjeuner aux voyageurs, lesquels désiraient
retourner de bonne heure en ville. Gertrude
prit les insignes de la cuisine, mais cette fois
ce fut sans empressement, sans plaisir.
Lorsque son petit repas se trouva prêt elle

appela ces messieurs qui se promenaient
dans le petitjardin réservé, tous vinrent ex-
cepté Basseville qui prétextant une indisposition, annonça qu'il ne déjeunerait pas et
chargea Berthon de faire les honneurs à sa
place. Pendant que la triste Gertrude sert
tant bien que mal les conviés, Basseville s'a-
chemine vers le potager ou travaille Célestin.
Il est seul et ne fait retentir l'air d'aucun joyeux refrain, le patron l'aborde presqu'en
tremblant.

— Voilà de beaux espaliers, dit-il, en laissant échapper un soupir, les pêches qui les
garnissent réjouissent les yeux, pourquoi les
dépouiller ainsi de feuilles, demande-t-il par
manière de conversation ?

— Afin de leur donner plus de couleur,
répond Célestin ; voyez continua-t-il les beaux
sujets, ils donnent pas mal cette année mais
quand ils auront un an ou deux de plus, chaque pied rapportera plus de vingt francs. A
cette exposition avec du soin on n'a rien à

craindre, les paillassons nous assurent presque toujours une bonne récolte, aussi cet
hiver j'en ferons une fière quantité !

— Et pour qui mon pauvre ami, reprit
Basseville, puisque nous ne devons plus être ici?

— Qui donc y serait demanda Célestin
consterné ?....

— Mes créanciers répondit Basseville ! il
n'est que trop vrai, continua-t-il, après une
pause, que cette propriété va passer en d'autre mains ; la perte récente d'un procès m'en
dépossède presque subitement, et c'est pour
le coup que je suis ruiné, complètement
ruiné.....

— Je nous en étions ben douté not' maître
reprit Célestin d'un air affligé ; depuis que je
savions queuque chose de vot' procès j'étions
à peu près sur que vous perdriez, vu que les
braves gens n'ont pas de chance ! J'en avons
parlé toute la semaine avec Gertrude, t'nez,
même q ue la pauvre femme pleurait encore

tout à l'heure de toutes les larmes de son corps.

— Bah! que j'ly ai dit comme ça, faut t'consoler; quoiqu'il fera le bourgeois si tu te désoles ainsi. C'est à ly qu'il est bon de penser, car ce pauvre cher homme perd tout à la fois, son utilité et son agrément: si nous ne le soutenons pas dans la peine, qui donc l'aidera à supporter encore c't'anicroche?...

— Tu lui disais cela Célestin, interrompit Basseville vivement ému? mais il me semble que vous perdez aussi beaucoup à ma ruine, car enfin ce terrein, cet établissement tout monté c'était une fortune pour vous autres, et vous n'étiez sûrement pas sans concevoir quelques espérances dans l'avenir, de mon amitié pour vous?

— Quant à l'avenir not' maître, reprit Célestin, je n'y ai jamais songé. Not' avenir à nous autres, comme dit Gertrude, c'est le travail et la bonne conduite, maintenant que grâces à ses bons conseils et à vous not' maître, j'ons goûté le plaisir de ben faire , je ne nous inquiétons pas de grand chose; nos enfans nous imiteront et m'est avis qu'on ne leux y doit rien quand on leux y a donné un bon état et un bon exemple. Pour ce qui est du terrein celui-ci est fameux, j'en conviens, mais, comme disait défunt mon père, avec des bras et du fumier on fait de la terre ous qu'il n'y avait que du tuf ou du sable ! C'est pourquoi que je prendrai bien vite mon parti ; je suis sûr de mon affaire maintenant: un peu de patience et des bras, on peut narguer le sort queuque farce qu'il vous fasse.

— Puisque vons êtes si résignés , reprit encore M. Basseville, d'ou vient que Gertrude pleure et que toi même parais altéré de cette nouvelle ?

— D'où vient ça, not' maître, repartit Célestin ; ne faut-il penser qu'à soi dans ce monde ? Je pourrons il est vrai porter facilement not' bataclan ailleurs vu qu'il n'est pas gros et vivre de notre travail , comme je l'ons

fait jusqu'à c't'heure mais vous,not maître,
quoique vous ferez quand on vous renverra
d'ici ? de ce lieu ous que vous vous plaisez
tant ! et qui est et si agréable tout de même.
Si je pouvions le louer encore à gros prix,
pour vous le conserver votre vie durant,
mais malheureusement j'nons pas de responsabilité et l'on n'voudrait peut-être pas d'moi
pour principal,car j'pourrions ben sous-louer
encore queuques coins d'bâtiment en vous
gardant tout c'genti pavilon ous que vous êtes,
t'nez v'là not' femme qui vous dira que je
n'rêvons qu'à vous dire ça depuis huit jours !

En effet Gertrude s'avançait les yeux rouges et gonflés.

— Pas vrai, femme, continua Célestin
que j'avons compté pu de dix fois le produit
présumé de c'te propriété pour voir j'usqu'à
ous que j'pourrions aller pour sa location,
si elle venait à vaquer et qu'on voulît ben
s'contenter d'not' caution ?

— Oui, répondit Gertrude à présent que

j'suis sûre d'mon homme, nous ferons tous
les sacrifices possibles pour conserver à not'
bon maître l'habitation qu'il aime et qui peut-
être contribuerait à nous le laisser pu longtemps.

— Mes chers amis, s'écria Basseville, en
essuyant des larmes qn'il ne pouvait plus
retenir..... mais, voyez-vous, c'est inutile,
continua-t-il avec effort, je sais que le nouveau propriétaire gardera pour lui ce bien
de campagne;ainsi je n'ai plus nul espoir!...

— Eh bien reprit Gertrude montrez-vous
supérieur à l'adversité, un homme comme
vous, ça doit enseigner l'exemple du courage ; nous nous en irons tous ailleurs ; de la
terre, du soleil et de l'eau, on en trouve
partout, nous louerons une petite maison
ous que la plus belle chambre sera pour
vous !..

— Puis un grand terrein, interrompit Célestin, là ous que j'trouverons encore le
moyen de vous réserver un petit parterrè ;

j'y transporterons les fleurs que vous aimez le mieux et je vous l'accommoderons si ben, sous vot' dictée, que lorsque vous serez au beau milieu, vous vous croirez à Château-Fort.....

— Vous mangerez avec nous, not'maître, reprit Gertrude avec vivacité, mais soyez tranquille, il y aura toujours un bon bouillon et un œuf frais à vot'place, sans compter que j'éleverai encore de bons petits poulets à vot' usage.

— Et que ferai-je moi, demanda le vieillard attendri, en revanche de tant de devoûment et de sacrifices ?...

Vous nous aimerez not'maître, répondit la tendre Gertrude !.....

— Et nous porterez bonheur, ajouta Célestin ! Je veux avant quatre ans avoir remplacé pour le produit tout ce que nous perdons aujourd'hui, pourvu que vous ne nous quittiez pas, et que vous teniez la promesse

que vous nous avez faite, d'être toujours
not'père ainsi que celui de nos enfans.

— Chers, chers amis, articula Basseville
que l'émotion força de s'asseoir ; combien j'é-
tais injuste ! Me pardonnerez-vous jamais le
mal que je vous ai fait !

— Très bien, très bien, s'écrièrent à la
fois les trois étrangers qui avaient entendu
la fin de la conversation à travers la charmille.....

— J'espère, ami Basseville, que vous nous
devrez bien quelque chose pour vous avoir
procuré une si vive satisfaction ?...

— Demandez mes amis, répondit le vieillard ; je ne pourrai en effet jamais assez payer
une si grande joie...! Célestin..... Gertrude,
c'est de ce moment que vous êtes véritablement mes enfans, mais moi, suis-je encore
digne d'être votre père ? Moi qui n'ai pas
craint de vous affliger, de tenter votre bonne
foi, moi qui ai douté de vous !..... Les deux
paysans se regardaient sans rien comprendre

à ce qui se passait, tout ce qui les frappa
c'est que leur bon maître n'avait plus de chagrin et que la perte de sa propriété n'avait
rien de réel.

— Je pars avec vous, dit Basseville en
s'adressant à Berthon, vite, Gertrude ma
houppelande, ma canne et mon chapeau; Célestin, le cheval à la carriole et fouette cocher
jusqu'à Versailles !

— Où donc allez vous sitôt, not' maître ?
demandèrent Célestin et Gertrude.

— Où je vais ? répondit Basseville, remplir un devoir sacré, il n'est jamais trop tôt
pour ces choses là, demain peut-être il ne
serait plus temps ! Je vais m'assurer que cette
propriété ne changera plus de maîtres, quelque procès qu'on lui suscite, mettre ma conscience en repos en sauvant vos fils de la
conscription et placer sur la tête de ma filleule le montant de ce que valent le peu de
bijoux que je possède; puis je reviens ici
pour y mourir tranquille et le plus tard que

je pourrai, heureux, mille fois heureux d'y
avoir réuni autour de moi tant de vertus.

— Qu'est-ce que vous nous dites donc là
not' maître, s'écria Gertrude, je ne voulons
pas à not' tour causer votre ruine et j'nous
opposons formellement....

— Il n'y a que moi de maître ici, reprit le
vieillard rajeuni par le bonheur; j'ordonne,
mes enfans doivent obéir !...

Après avoir fait sa barbe et un bout de
toilette, Basseville et ses trois convives se
mirent en route, entassés dans la carriole que
Célestin conduisait en tenant le cheval par
la bride. Cet excellent garçon craignait même
une secousse pour son bon maître et ce ne
fut pas sans inquiétude, qu'il le vit monter
en diligence, d'autant que son séjour à Paris
devait durer au moins deux ou trois jours.
Au bout de ce temps, Basseville revint sans
encombre, ramené de Versailles par son
fidèle Célestin, infiniment plus attentif que
les cochers les plus expérimentés. L'entrée

de Basseville à Château-Fort eut l'air d'un triomphe; Gertrude, Fanchette et les trois garçons étaient allés à sa rencontre et lui faisaient de la route, où ils cheminaient, mille signes de tendresse! il n'était pas, jusqu'au chien de basse-cour, qui ne sautât sans cesse en aboyant après le cou du cheval, comme pour témoigner son étonnement de cette escapade et peindre son contentement de revoir le maître du logis. Jamais l'aspect de Château-Fort ne plut tant au vieux Basseville, jamais il ne contempla avec plus de délices, ses vues ravissantes; jamais enfin son parterre et ses fleurs ne le comblèrent d'autant de joie. Content de lui et des autres, il se réinstalla avec bonheur dans son cher pavillon:

— Je suis ici chez moi, dit-il en mangeant gaîment le poulet qu'on avait placé devant lui; ce corps de logis et mon jardin formeront désormais mon avoir; quant au reste disposez-en comme vous l'entendrez, car

c'est votre propriété, voici l'acte notarié et
les titres en vertu desquels je vous abandonne pleine et entière, la jouissance de la
maison d'habitation, du verger, du potager
et de la pièce de vigne qui en dépend. Pendant ma vie vous n'en aurez que l'usufruit,
mais après moi, le tout vous appartiendra
et aux vôtres ensuite, car j'ai arrangé les
choses pour que la vente en mains étran-
gères n'en pût être opérée qu'à la troisième
génération. Voilà encore d'autres papiers :
l'un est l'acte par lequel j'institue une dot de
quatre mille francs à ma filleule, l'autre une
triple action dans une association mu-
tuelle moyennant quoi, vos trois fils seront
remplacés, s'ils tombent au sort. Ceci enfin
est la copie de mon testament, fait en bonne
et duë forme et indiquant d'une manière
précise l'usage que je veux faire du peu
que je me suis réservé en propre. Maintenant mes amis, vivons heureux et contens.

— Je ne sais vraiment, not' maître, comment vous remercier de tant de générosité,
dit Célestin les larmes aux yeux.

— M'est avis que c'en est trop, repartit
Gertrude, vous auriez ben pu vraiment laisser les choses comme elles étaient au moins
pendant la durée de vot' existence, car enfin
pourquoi vous dépouiller ainsi en not' faveur?
Qui vous assure que mon homme et moi
ferons toujours notre devoir vis-à-vis de
vous?...

— Le passé me répond de l'avenir, dit
Basseville : je me fie infiniment plus à votre
bonne foi qu'à ma tête! vous ne m'avez point
soupçonné vous! votre cœur naïf eût rougi
de me demander des sûretés, lorsque vous
arrosiez ma terre de vos sueurs, et que vous
donniez par votre travail et votre talent une
valeur considérable à cette propriété qu'il
n'eût dépendu que de moi de vous enlever
d'un moment à l'autre. Votre rustique et droite
raison vous eût empêchés d'ajouter créance

à de mauvais propos en l'air, de suivre de
pernicieux conseils! enfin, dans la simplicité
de votre ame candide, vous n'eussiez jamais
pensé qu'après tant de bons procédés je vous
abandonnasse indignement si tout à coup ,
vous aviez cessé de m'être utiles !.. ma tête
avait faibli, mes amis; car j'ai craint tout cela
de votre part ; si j'ai failli une fois , je puis
bien faillir encore : c'est pourquoi j'ai voulu
me lier d'une manière à ce que rien ne me
fît revenir sur mes bonnes intentions et en
cela j'ai agi selon ma conscience , pendant
que mes facultés me le permettaient encore.
Que Dieu dispose de moi maintenant , s'il
le veut , je me suis conduit d'après son
inspiration et sa sainte parole, je suis tranquille !

Le père, la mère , les enfans rivalisèrent
d'empressement et de tendresse auprès du
bon vieillard dont la santé reprit de nouvelles
forces à ce foyer d'amour et de jeunesse ; les
années glissent sur lui sans l'atteindre et les

amis qui viennent encore le visiter de temps
à autre, s'ils n'envient pas ses richesses, dé-
sirent au moins une santé semblable à la
sienne exempte qu'elle est de toute infir-
mité. C'est encore une véritable partie de
plaisir pour Berthon et Taupin, lorsque ce
dernier vient à Paris, d'aller passer un jour à
Château-Fort avec l'aimable et bon horticulteur : il ne peut offrir qu'une volaille de sa
basse-cour et du vin du crû, mais le repas est
assaisonné de la bonne humeur de Gertrude
et des réparties de Célestin qui ne manque
jamais d'apporter aussi un plat de son métier.

A l'une de ces visites Taupin et Berthon
trouvèrent Basseville encore plus gai que de
coutume et l'ayant interrogé sur ce qui cau-
sait en lui ce succroît de bonne humeur il répondit :

— C'est que je marie ma filleule! un mariage , cela rajeunit toujours ; Fanchette
épouse un jeune garçon de son choix. La
pauvre petite a passé un hiver assez triste

parce que son père lui avait refusé son consentement vu que le dit garçon n'a rien, et
que ma filleule comme vous le savez possède
quatre mille francs. Peut-être les choses en
fussent-elles demeurées là, si le désespoir
de Fanchette ne m'eût ouvert les yeux car on
lui avait bien défendu de m'instruire de sa
peine. M'étant souvent aperçu que la petite
me lisait mon journal avec distraction, je regardai machinalement du côté où Fanchette
portait sans cesse sa vue, alors j'aperçus un
homme que je supposai jeune et beau, en
mettant mon imagination à la place de l'or-
gane affaibli par les années et je vis ce dernier qui, d'un marais voisin, faisait des signes
à ma gentille lectrice tandis que celle-ci per-
dant le fil de son discours ne savait plus où
elle en était. Suffisamment instruit pàr cette
pantomime, je questionnai et l'on ne se fit
guère prier pour m'ouvrir un cœur aussi
tendre que le fut jadis celui de sa mère : même fermeté, même obstination, même amour!

Je m'intéressai on ne peut davantage au bonheur de ces aimables enfans, attendu que je connaissais aussi le jeune garçon ; c'était le fils d'un maraîcher du voisinage. Par une bizarrerie assez singulière, j'aime à me mêler de mariages tout en en ayant toujours eu appréhension pour moi-même. Je fis donc venir d'abord Gertrude qui, dans les intérêts de sa fille me donna les meilleurs renseignemens sur l'amoureux de Fanchette ; elle ajouta cependant qu'elle n'osait intercéder près de Célestin, parcequ'il disait sans cesse que sa fille était riche et qu'il voulait l'établir dignement ne fût-ce que pour honorer son bienfaiteur. Là-dessus je promis d'employer mon crédit sur l'esprit de Célestin ce qui me valut force accolades de la mère et de la fille, car Gertrude m'embrasse à présent sans scrupule. Dès que j'entamai ce chapitre avec Célestin , il se récria sur l'indiscrétion des femmes et protesta qu'il ne marierait sa fille qu'à un homme comme il faut, un jardinier, par exemple, mais à un maraîcher jamais.... un maraîcher! reprit-il avec mépris.

— Quoi m'écriai-je encore une cathégorie !... Je croyais qu'il n'y avait que des cultivateurs et des horticulteurs : maintenant je vois que la hiérarchie est infiniment plus compliquée que je ne l'avais pensé? cependant, repris-je la distance entre un jardinier et un maraîcher me semble facile à franchir. Marions d'abord Fanchette et son amoureux de peur de sottises, car vois-tu mon cher Célestin, ma filleule tient de sa mère, elle est entêtée comme un beau diable en ce qui touche le cœur !

Ici Célestin sourit ; les souvenirs servirent la cause que je soutenais, ce qui me rendit la partie moins difficile à gagner : marions-les donc d'abord, répétai-je, puis une fois le beau-père du jeune maraîcher, tu en feras un jardinier et d'autant plus habile , que sans préjugés, il ne sera guidé que par tes conseils et fera, en t'imitant, revivre la mé-

thode de feu ton père dont tu as si bien pro-
fité toi-même. Quelque considérans que je
ne manquai pas d'ajouter et plus encore la
crainte de me désobliger, me firent triompher
de sa fierté qu'il me sacrifia enfin. Grâce à
cette petite médiation je vais encore faire
des heureux. On se marie dans huit jours;
c'est moi qui conduis la mariée à l'Église et
qui donne le repas de nôce dans mon pavillon. Quelque vieilles bouteilles de vin me
restent, elles y santeront : comme jadis, ma
cave et moi ferons les frais du mariage mais
cette fois du moins ce sera du meilleur de mon
cœur. Puisque vous voilà, mes amis, continua
Basseville, je vous y convie, vous y servirez de
témoins et vous réjouirez avec nous.

— Volontiers répondirent les visiteurs on
ne saurait trop voir et honorer des gens de
cette trempe!

— La vertu est rare, reprit le vieillard,
cependant je crois qu'en la cherchant un peu
et en s'abstenant de n'y pas croire, on la

trouverait plus fréquemment qu'on ne pense; excuser le vice en s'efforçant de le détruire, encourager les bons penchans en les protégeant, tel est selon moi le devoir de tout homme de bien.

FIN.

ANDRÉ BRIDENS.

ANDRÉ BRIDENS.

Au nombre des élèves admis à l'école
polytechnique en 183*, se trouvait un jeune
homme qui se nommait André Bridens; reçu
sans la moindre opposition aux premiers
rangs des admissions de cette année, Bridens

dut attirer l'attention de ses camarades, et passer tout d'abord pour un aigle à leurs yeux. Élève et candidat de Paris, le jeune récipiendaire ne manqua pas de concurrens; cependant il l'emporta sur des sujets d'une habilité incontestable, ce qui ne laissa pas de faire à cet élève une réputation de talent que d'ailleurs il méritait à tous égards, car il avait été jusque-là le point de mire et l'orgueil de l'école spéciale dont il sortait.

En voyant André on pouvait, sans méchanceté, s'étonner de sa capacité intellectuelle: petit et gros, rouge et joufflu, André, sans être laid, avait en lui quelque chose de campagnard qui portait à l'hilarité ; mais dès qu'on l'interrogeait sur quelque matière importante, qu'on mettait en jeu son esprit et son savoir, le paysan disparaissait pour faire place à l'homme de sens chez lequel avaient fructifié de bonnes et consciencieuses études, répandues à profusion dans le meilleur terrein qui se pût rencontrer. En outre de son physique quelque peu vulgaire, André avait encore un désavantage assez grand, je veux parler d'un accent montagnard que rien ne put déraciner et qui donnait à sa conversation une étrangeté tout-à-fait risible. André connaissait ce ridicule et sans chercher à le combattre, il se contentait de parler peu. Ses travaux l'absorbaient assez pour ne lui laisser aucun vide quoiqu'il vécût absolument seul.

Une fois installé à l'école, André se livra sans réserve aux devoirs qu'on y impose, profitant à peine des sorties, et seulement afin de faire un exercice salutaire, indispensable à la vie studieuse qu'il menait. il ne recevait même point de visites, à l'exception d'un oncle qui venait le voir de temps à autre. Ce Monsieur, paraissant fort distingué, habitait un des beaux quartiers de Paris, à ce qu'avaient appris les plus curieux camarades d'André. On le disait aussi le chef d'une nombreuse famille, qui menait ce que l'on appelle un grand train.

Quoique ce monsieur vînt en cabriolet de place,on assurait qu'il avait voiture, ce qui fît penser qu'il venait incognito pour quelques raisons particulières. Ce fut au cocher qui le conduisait ordinairement, que l'on surprit tous ces détails. De là forces conjectures ! comment se fait-il, se demandait cette curieuse jeunesse, que tenant à des parens riches,on vive ainsi dans la solitude ? pourquoi,par exemple, ne va-t-on pas chez un oncle qui vient vous visiter ? quelle raison empêche André de se joindre à nous lorsqu'il s'agit d'une partie de plaisir ou d'une légère dépense en commun ? il ne chaume pourtant pas d'argent car l'on sait que son oncle lui en offre continuellement.« Tu dois avoir des besoins lui disait un jour ce respectable parent, et je suis tenté de t'en vouloir, mon ami, quand je te vois ménager ainsi ma bourse. Ne sais-tu pas qu'elle est à ton entière disposition?....» Si l'on m'en offrait autant pensait le camarade qui par hasard avait entendu cette conversation...! André modeste et casanier n'éprouve pas un seul desir ; s'il ouvre parfois une bourse bien garnie qu'il porte sur lui, ce n'est jamais que pour faire une généreuse aumône ou pour obliger un de ses condisciples ; du reste, taciturne, presque morose, il se concentre en lui-même et ne se livre point aux joies de son âge : sans chagrins, sans plaisirs, il ne semble apprécier qu'un bonheur dont il use largement:c'est l'application au travail.

Un tel caractère ne devait ce me semble provoquer que de l'indifférence, il suscita des haines. André presque toujours deuxième ou troisième, souvent premier de sa division, atteignit promptement aux grades honorifiques que décerne l'école à ceux de ses enfans qui s'en montrent dignes : distingué et gradé il devint bientôt le but des quolibets de tous ses camarades;c'est alors qu'on plaisanta avec une sorte d'acharnement, sa figure rebondie et qu'on ridiculisa à outrance l'accent dont nous avons déjà fait mention. Il y eut entre les plus malveillans une ligue contre André paré du chevron de caporal. On jura entre soi de se soustraire par le sarcasme à l'espèce de supériorité que son talent et sa bonne conduite lui donnaient sur les autres, et *de rire en masse* lorsqu'il articulerait un ordre relatif à la consigne ou aux réglemens. La chose eut lieu comme on l'avait complotée, mais elle demeura sans effet par le sang-froid et la patience d'André, qui se gardant de s'offenser personnellement, considéra cette inconvenance comme un manque de discipline, qu'il excusa pour la première fois, protestant que si cela se renouvellait, il serait forcé, bien qu'à regret, d'en faire son rapport. Il ajouta ensuite, d'un ton ferme, qu'il priait ses camarades de vouloir bien lui dire franchement s'il leur était désagréable de le voir porteur d'un chevron qu'ils croyaient peut-être mieux mérité par un autre; que dans ce cas ils eussent à s'expliquer, attendu que si cette opinion prévalait, il était prêt à se démettre de ses fonctions plutôt que de les conserver à l'exclusion d'un plus digne.

Cette petite allocution entraîna les têtes logiques et les bons cœurs et nous sommes heureux de noter que presque toute cette jeunesse d'élite prit hautement la défense du juste et qu'André resta caporal en dépit d'une très minime oposition.

Peu de temps après cette épreuve et comme une récompense de sa modération, André fut promu au grade de sergent d'un assentiment unanime.

Si la presque totalité des élèves s'était rangée sous la bannière du mérite modeste et vrai, le nouveau sergent conserva pourtant un ennemi que rien ne put rallier à sa cause. Cette animadversion devint d'autant plus grave qu'elle avait pris naissance dans le cœur d'un rival en supériorité.

Paulin l'Estilier, travaillait avec autant d'ardeur et de facilité qu'André; il l'égalait en intelligence , peut-être même son esprit possédait-il un degré de plus d'imagination ! quant aux sciences exactes, ils se balançaient parfaitement.

Né en bon lieu, suivi depuis sa naissance par un père très savant , élève lui-même de l'école, le jeune Paulin l'eût sans doute emporté facilement sur celui qui ne dut jamais qu'à des professeurs les connaissances qu'il possédait, si un amour-propre démesuré , joint à un assez mauvais caractère, n'eussent nui à l'avancement de cet élève d'ailleurs fort remarqnable. C'est donc au peu de docilité de celui-ci envers ses supérieurs qu'il faut attribuer le triomphe d'André qui, à mérite égal, dut en effet le surpasser. Le jeune Paulin accoutumé de longue date à recueillir seul les récompenses universitaires, ne consentit pas sans chagrin à se voir dérober la moitié des succès de l'École par un *paysan.* Aux jalousies d'études es joignirent celles de position. Paulin, malgré ses mérites, ne put obtenir

un grade à cause de son insubordination qui
l'envoyait pendant une grande partie des fêtes
à la salle de police, tandis qu'André n'avait jamais encouru ni reçu une seule réprimande.

— Pourquoi donc, disait Paulin, quand il se
se voyait retenu pour quelque méfait, ce
garçon si sage, ne profite-t-il pas de la possibilité de sortir? Il a une famille et ne la visite jamais; on dirait vraiment que ce Caton
tremble de se montrer en public. Il y a, j'en
suis sûr, un mystère là-dessous que je ne comprends pas, mais que je découvrirai tôt ou
tard.

Paulin séduisit par ses discours plusieurs
de ses camarades qui, ainsi que lui, prirent
en grippe le laborieux André. Cette association malveillante, fit l'impossible pour découvrir quelque chose relativement à la
naissance de ce jeune homme : tout ce qu'ils
purent apprendre, fut *qu'il était savoyard
d'origine , et que le monsieur qui venait le
voir et se faisait passer pour son oncle; n'é-*

tait qu'un protecteur qui, depuis nombre d'années, payait sa pension et l'entretenait. D'après ces découvertes, on imagina que le jeune montagnard devait être le fils de quelque femme sans mœurs qui, heureusement pour André, avait intéressé l'oncle prétendu, lequel pouvait bien être son père, si nul autre ne revendiquait la paternité.

Des lettres, datées d'un village de Savoie, que recevait André donnèrent créance à ce petit roman : si bien qu'il eut force de loi dans l'esprit de ceux même qui l'avaient inventé. A la manière dont elles étaient écrites et pliées; on observa judicieusement que ces lettres venaient d'une personne de basse extraction, ce qui n'empêchait pas André de les lire avec un empressement et un plaisir qui n'échappait nullement à l'œil de ses ennemis. Nos jeunes étourdis de plus en plus convaincus de ce qu'ils croyaient avoir deviné, trouvèrent déshonorant d'être surpas- et commandés par un *bâtard*, épithète qu'ils

se plaisaient à donner entre eux à André.
Toujours plus montés contre lui, ils ne l'é-
pargnèrent pas et le picotèrent continuellement. André, plus patient qu'on ne l'est à
vingt ans, souffrit sans se plaindre;tant que
les traits qu'on lui lançait furent détournés,
il avala toutes les vexations qu'on lui fît subir
n'opposant au manège des méchantsqu'une
conduite irréprochable et des succès toujours
croissans,qui ne laissèrent pas de grossir le
nombre de ses envieux. Nonobstant toutes ces
tracasseries,la seconde année de l'école fut encore plus brillante pour le jeune savant que la
précédente. Les concurrens disparurent devant le mérite transcendant d'André, qui fut
proclamé d'un commun accord *le premier élève
de la première école du monde.*

Quand il fut bien avéré pour Paulin qu'il
lui était impossible d'égaler, si non de surpasser son rival, il devint réellement furieux,
cria à l'injustice et jura de se venger. Aux
dégoûts dont il l'avait abreuvé jusque là, suc-

cédèrent les marques non équivoques du plus profond mépris , qui , lancées à dessein , produisirent leur eflet. Dans les ames les plus pacifiques la patience a pourtant des bornes ; le feu qui a longtemps couvé sous la cendre . se communique de proche en pro-che en proche, mais si soudain l'air y pénè-tre . au lieu d'un monticule sans chaleur se découvre tout-à-coup. un brasier ardent. Tel fut André lorsqu'il ne douta plus du mépris qu'il inspirait. De pacifique, il devint querelleur, d'a-gneau loup ! Sa susceptibilité une fois éveil-lée, les plus doux de ses camarades ne purent lui adresser la parole, qu'il ne s'en formali-sât; de sorte qu'on finit par ne plus oser par-ler devant lui de quoi que ce fût .

Les choses ne pouvaient aller longtemps de cette façon. Si par esprit de conciliation , la plupart des compagnons d'André s'abstin-rent, ses ennemis n'en devinrent que plus acharnés. Un jour donc que le jeune sergent, fut invité par honneur et déférence, à lire la composition d'un de ses camarades, plusieurs élèves se permirent de rire tout haut à l'occasion de certains mots auxquels le lecteur imprimait son accent savoyard. Les chefs de l'école, justement irritéss, évirent contre les perturbateurs, à la tête des quels se trouvait encore Paulin l'Estilier. On punit sévèrement lui et trois de ses amis, ce qui ne fit qu'accroître leur animosité. En quittant les salles d'étude, André se plaça devant Paulin et lui dit à demi-voix : « *Je veux vous parler.* »

« *Et moi aussi,* répondit Paulin » puis ils s'éloignèrent bien certains de s'être compris.

Deux jours après, André jeta à la poste une lettre conçue en ces termes :

« Monsieur et bien cher ami,

« Je suis le plus malheureux des hommes
« puisque je me vois réduit à maudire jus-
« qu'à vos bontés pour moi; le mystère qui
« m'entoure joint au peu de mérite que je
« dois à vos bontés m'ont attiré la haine et le
« mépris de quelques uns de mes compagnons.

« Longtemps j'ai subi des humiliations en
« silence, longtemps j'ai dévoré mes larmes,
« quand , à dessein, mes camarades se tar-
« guaientdevant moi d'un nom connu où d'une
« famille considérée;mais devais je supporter
« des insultes directes?ne peut-on être obscur
« et commander l'estime ? faut-il parce
« qu'on n'est pas de haute extraction,laisser
« attaquer impunément son honneur, le seul
« bien des malheureux! Vous même, mon-
« sieur, m'avez répété cent fois, qu'avec
« du travail et de la probité, je pouvais at-
« teindre à tout ! que demandai-je? une
« seule chose, c'est d'être l'égal d'un hon-
« nête homme. Hé bien! le croiriez-vous,
« monsieur, on me le refuse ?

« Offensé personnellement en public, j'en
« exige *satisfaction !* l'infâme me répond
« qu'il ne se bat pas avec un être dont per-
« sonne ne connaît l'origine et que, lorsque
« je lui aurai prouvé par un extrait de bap-
« tême, que je suis né de gens honorables,

« il consentira à risquer sa vie contre la
« mienne. L'indigne ne m'a pas demandé
« mes papiers avant de me rire au nez pour
« se moquer d'un vice de prononciation que
« je dois à mon pays et à mère!..oh?ma mère
« pourquoi ne suis-je pas resté près de toi ;
« ta vertu m'eût honoré , ton amour m'eût
« donné le courage de rester pauvre! Con-
« seillez-moi, monsieur, je n'espère qu'en
« vous, persuadé que vous ne voudrez pas
« me condamner à l'infamie. Mon sang bout,
« ma tête est en feu, si vous ne me venez
« promptement en aide, je ne sais ce qui
« adviendra de l'état d'exaltation où se trouve
« votre malheureux ,

« Andrè. »

Le jour même, André reçut cette réponse :

« Cher enfant ,

« Conduis-toi comme je vais te l'indiquer,
« ne fais rien de plus, rien de moins, et
« crois-en les conseils d'un ami qui tient
« autant à ton honneur qu'à celui d'un de

« ses propres fils. Vas trouver le camarade
« dont tu me parles, remets lui le billet ci-
« joint; quand il l'aura lu, prends avec ton
« adversaire le jour et l'heure qui vous con-
« viendra et ne t'inquiète pas du reste, un
« ami veille sur toi.

« Aie soin de m'informer à l'instant de
« votre décision; ne te sers pas de la poste,
« envoie un exprès pour plus de sûreté. »

Voici ce que contenait l'autre billet :

« Monsieur,

« J'apprends, que vous refusez de vous
« battre avec André Bridens que vous avez
« gravement insulté, sous le prétexte que
« vous ne connaissez pas sa famille et parce
« que vous craignez que sa naissance soit
« peu honorable? Que cette raison ne vous
« arrête pas, monsieur, prenez avec ce jeune
« homme toutes les mesures que l'honneur
« réclame et fiez vous à moi pour vous pro-
« curer les renseignemens que vous pouvez
« exiger. Je me porte ici caution pour André;

« si une fois sur le terrein,vous ne le trouvez

« pas digne de votre coup de pistolet,je serai

« là, prêt à répondre aux interpellations

« qu'il vous plaira de m'adresser , et à sou-

« tenir de toutes les manières possibles,

« qu'André Bridens peut se mesurer avec le

« Français le plus illustre qu'il y ait.

« J'attends, monsieur , l'honneur de votre

« réponse.

Suivait la signature accompagnée de divers
titres, celui entr'autres de :

« Député de***. »

Dans l'après-midi, André écrivit à son protecteur :

« Merci monsieur : je vous devais tant,

« qu'il me semblait impossible que vous pus-

« siez ajouter à vos bienfaits, et pourtant de-

« puis une heure je sens que vous avez comblé

« la mesure. Grâce à vous, monsieur, je puis

« défendre mon honneur et celui de ma

« mère , car je sais maintenant qu'il l'insul-

« tait aussi,en me faisant passer pour *bâtard*.

« Mais que m'importe à présent, demain je
« prouverai que le pauvre montagnard ne
« supporte pas une offense et que la gloire
« et la vie ne seraient rien pour lui s'il était
« privé de l'estime générale.

« Le rendez-vous est pour *demain matin*
« *à neuf heures, au bout du boulevard d'En-*
« *fer, devant le café qui fait te coin de la*
« *grande chaussée en face la barrière.* Réu-
« nis sur ce point nous nous rendrons incon-
« tinent dans *les plaines de Gentilly.*

   « A vous, monsieur, jusqu'à mon
    « dernier soupir,

      « ANDRÉ »

Le lendemain, à neuf heures précises du
matin, quatre jeunes gens habillés en élèves
de l'école Polythecnique, se promenaient de
long en large devant le susdit café, regardant avec attention un cabriolet qui venait
au grand trot sur la chaussée, et qui s'arrêta
devant eux. Un monsieur en descendit, les
salua cérémonieusement, leur dit quelques

mots et remonta ensuite en voiture dirigeant dès-lors le cheval du côté des boulevards extérieurs. Les quatres jeunes gens suivirent le même chemin, sortirent deux à deux de Paris et disparurent bientôt derrière les hautes murailles qui environnent la capitale. On les vit cependant reparaître au loin, marchant dans un sentier de traverse qui conduisait à un pâté de maisons, placées comme par hasard au milieu d'une vaste plaine.

Le maître du cabriolet, qui, naturellement avait de l'avance sur eux, revint à pied à leur rencontre et leur indiqua du doigt une grande maison carrée sur laquelle était écrit en grosses lettres : *marchand de vin traiteur.*

— C'est ici, dit l'homme qui, par sa tenue sévère et digne, semblait dicter la loi aux autres. Nous n'y trouverons pas de luxe, mais nous y jouirons d'une parfaite liberté. C'est aujourd'hui mercredi, le salon de *cent cinquante couverts* sera à notre entière disposition, ainsi que le jardin situé derrière et

qui donne sur une campagne presque déserte.
J'ai déjà visité les environs, nous ne pouvons
mieux chosir ; nous sommes chez nous ; pro-
cédons, monsieur, à l'explication que je vous
ai promise, ajouta-t-il en s'adressant direc-
tement à Paulin, c'est je crois le plus
pressé ?

Tous cinq pénétrèrent dans une salle enfu-
mée où se trouvaient quelques tables de bois
recouvertes de nappes tachées de vin,

— Personne ne nous importunera, continua le chef de cette petite expédition, en
posant sur l'une de ces tables un coffret fermé.

— Voilà, dit Paulin, une précaution inutile, puis il plaça sur le rebord d'une fenêtre
des pistolets qu'il portait soigneusement en-
veloppés sous son bras.

— J'ai aussi mes armes, reprit André.

— Je le crois parbleu bien, interrompit
M. M***, mais qu'est-ce que cela me fait à
moi ? Si je dois payer de ma personne encore

faut-il que je sois en mesure! tout bon ouvrier doit porter avec lui ses outils, or pour
un duel il faut des pistolet car je vois avec
plaisir , messieurs , *que vous n'avez pas
voulu souiller votre épée d'une mauvaise
action*.

Les deux adversaires répétèrent avec étonnement :

— *Une mauvaise action?*....

— Mais poursuivons, continua M. M***; je
n'oublie pas que j'ai promis à monsieur des
éclaircissemens.

— Votre parole me suffit, monsieur, répondit Paulin, et dès que vous avez bien voulu
m'assurer que notre camarade André n'est
point un bâtard et qu'il tient à une famille
estimable, je me ferai un devoir de lui rendre raison de l'insulte que je lui ai faite
sans pénétrer plus avant dans sa vie privée.

— D'abord, reprit M. M***, est-il bien
avéré qu'il y ait eu insulte?

— Très avéré, repartit vivement Paulin,

car j'avoue que c'était dans le seul but d'humilier André, que je me suis conduit comme je l'ai fait.

— En ce cas, répliqua M. M***, et d'après les usages reçus, je ne puis empêcher ce duel : écoutez-moi donc, monsieur, afin de savoir au juste qui vous avez insulté avec tant de légèreté, quel homme vous retrancherez volontairement de la société, si le sort vous favorise, ou quelle main vous donnera la mort, en supposant l'intervention d'une justice divine puisque vous être l'agresseur. Avant de commencer le récit que les circonstances me forcent à vous faire, j'exige de vous, messieurs, qu'on m'écoute jusqu'à la fin sans m'interrompre, me le promettez-vous?

Tous s'inclinèrent affirmativement, à l'exception d'André qui paraissait violemment agité. M. M*** se tourna vers lui et prononça d'un ton impératif :

—Quand à toi André, je te défends de dire un mot, entends-tu bien?

Le jeune homme garda le silence.

Après ce préambule, on s'assit autour d'un énorme poële de cuivre répandant au loin une chaleur et une odeur presqu'insuportables. M. M*** ouvrit une fenêtre, respira quelques instans, et prit ensuite la parole en ces termes :

— Messieurs, pour arriver à vous parler d'André, il faut que je commence par vous entretenir de moi ; ne pouvant m'en dispenser, je le ferai le plus succinctement possible.

« Je suis né en Normandie, de parens peu fortunés mais issus d'une ancienne noblesse ; mon père, légèrement entaché de préjugés aristocratiques et tout fier de posséder un fils, me fit élever à grands frais, tandis que mes sœurs furent réduites à soigner la maison, se livrant par malaisance aux travaux domestiques les plus pénibles.

« Malgré notre gêne, mon père m'envoya
à Paris achever une éducation mal commen-
cée en province ; j'avais alors seize ans et
tous les travers des fils de famille. Au lieu
de suivre mes études avec zèle, je ne recherchai que la distraction et mis en plaisirs tout
l'argent que mon pauvre père m'envoya successivement pour prendre mes inscriptions et
faire mon droit.

« Découragé par mon peu de progrès,
presque ruiné par mes folies, effrayé surtout
de la pente de mon caractère, mon père
jugea à propos de me rappeler près de
lui au bout de cinq ans de séjour à Paris.

« Mes dépenses avaient tellement épuisé les
ressources de ma famille, qu'elle se vit contrainte à me chercher un emploi ; grâce à
l'estime dont jouissait mon père, cela fut plus
facile qu'on ne l'avait présumé et j'entrai incontinent en qualité de commis rédacteur
chez le receveur-général de notre province.
Cet homme le plus important du pays, pos-

sédait à juste titre une confiance illimitée,
de sorte qu'il maniait et remaniait les fonds
de tout le département ce qui le plaçait dans
une position financière des plus florissantes.
Quelqu'indulgent que fût pour moi notre ho-
nête percepteur, je me fusse certainement
ennuyé à faire des chiffres dans ses bureaux,
si un puissant attrait ne m'y eût retenu. Mon
patron était marié et père de deux filles char-
mantes qui réunissaient à la beauté, des talens et des vertus que tous le monde admi-
rait ; je ne pus voir l'aînée de ces deux aimables personnes sans l'aimer et désirer ardemment de lui plaire. Son père s'en aperçut aussitôt ; mais comme il ne m'en témoigna
pas moins de bienveillance, cela m'encouragea dans une prétention que je trouvais moi-
même exorbitante. A peu près sur d'être bien
vu de la fille, je m'attachai surtout à séduire le
papa ; pour y parvenir, je devins laborieux ;
zélé, d'une exactitude scrupuleuse dans mes
comptes et d'une sagacité en affaires dont je

ne me fusse pas cru capable. L'habitude me se-
conda de sorte que je me vis en peu de temps
l'homme nécessaire, le bras droit de notre
percepteur. Voyez messieurs ce que peut
l'amour ! mais un amour sensé un amour basé sur la raison et les bienséances ! Je tra-
vaillai tellement pour gagner une affection
d'où dépendait le bonheur de ma vie, que je
parvins en deux ans à connaître mieux les
affaires de mon patron qu'il ne les connaissait
lui-même ; il est vrai que le nombre de ses
cliens s'augmentait chaque jour, ce qui me
donnait un avantage immense et me rendit
indispensable.

« Une fois que je m'étais tiré avec bonheur
d'une opération financière ,malgré d'inextri-
cables difficultés, mon patron me prit à part:»
mon ami me dit-il, tu as plus de talent que je ne
t'en supposais; l'affaire que tu viens de dé-
brouiller te fait le plus grand honneur, et je t'en
adresse mes sincères remercîmens, car tu m'as
rendu en cette occurrence un service signalé;

je sais bien qu'il me serait facile de t'en récompenser au-delà même de tes espérances,
en t'accordant la main de ma fille que tu
aimes et qui, je le sais, ne te voit point avec
indifférence, cependant je dois t'avouer que
tu ne m'inspires pas assez de confiance pour
en venir encore là. Tu n'as aucune fortune ;
ma fille te mettrait à même d'en acquérir
puisqu'avec 70,000 francs de dot, que je lui
donne, je pourrais te céder ma clientelle et
te constituer ainsi banquier de notre département. Mais pour gérer la fortune d'autrui,
sais-tu bien qu'il faut une prudence et une
probité à toute épreuve ? que l'on tient dans
ses mains le sort de cent familles et que l'on
est responsable devant Dieu de tous les malheurs que pourrait leur attirer une mauvaise
gestion ? Or, mon cher, tes antécédens m'ef-
frayent un peu ; j'ai appris par ton père qui,
tu le sais, est mon ancien ami, toutes tes fre-
daines et les causes qui l'ont forcé à te cla-
quemurer au fond de ta province.

« Ici messieurs je voulus répliquer afin
de me défendre ; mon patron m'imposa silence et continua : je sais d'avance ce que tu
vas alléguer : un fils, me diras-tu, ne croit pas
faire une mauvaise action en trompant son
père ; il mange seulement en herbe ce qui
doit lui revenir un jour et trouve tout naturel de ruiner en quelques mois celui qui pendant vingt années n'a songé qu'à l'enrichir.
C'est donc sans scrupule qu'il soutire toute
les économies de son malheureux père, tandis qu'il se croirait couvert d'infamie s'il dé-
robait une obole à un étranger ! Ceci ajouta-
t-il est plus spécieux que vrai. car quelque
fois aussi, le jeune dissipateur, habitué aux
dépenses extravagantes et ne trouvant plus
rien à prendre dans la bourse de son père,
puise à pleines mains dans celles des autres! »
je fis alors un mouvement d'indigation. «Dieu
me garde,continua le percepteur,de te ran-
ger dans cette ultime cathégorie et de baser
mon jugement pour le reste de ta vie, sur

des erreurs de jeunesse que peuvent très bien
racheter d'éminentes qualités. Afin pourtant de tout concilier et de me conduire selon l'intérêt grave de ma position, voici ma volonté formelle, vous êtes très jeunes l'un et l'autre, rien ne presse et vous pouvez hardiment attendre encore deux ans pour vous mettre en ménage. De ce moment je te place à la tête de ma maison, tu feras seul toutes les opérations qu'elle comporte, je ne serai en nom que pour la sécurité de mes commettans et pour avoir le droit de conseil : du reste à toi le dé, je me retire; Si pendant ces deux années ta conduite n'a pas périclité et que tu aies fait preuve de capacité et de prudence, je t'unis à ma fille ne te demandant en retour de mon désintéressement que son bonheur et une place à votre foyer!

« Il me serait impossible, messieurs, de vous peindre ma joie, ma reconnaissance!... si j'eusse été naturellement vicieux, je ne doute pas que tant de générosité ne m'eût remis

dans le droit chemin, car le plus sûr moyen de
combattre le vice est certainement de lui op-
poser la vertu ; mais je puis dire avec certitude que mes égaremens n'avaient été que des
torts de jeunesse et le résultat forcé de dangereuses liaisons, puisqu'à peine de retour au
sein de ma famille j'y retrouvai les vertus
faciles, l'amour du bien, la probité native et
redevins, sans m'en apercevoir, le digne
fils de mon digne père.

« Vous imaginez bien, messieurs, qu'à partir
de ce jour, ma vie se déroula pleine de joie et
d'espérances ; le travail pour l'amour, l'amour
pour le travail, répandirent sur mon existence
un charme que les amans seuls peuvent apprécier. Je pris à merveille dans ma province ;
on voyait clairement en moi le gendre et le
successeur futur de notre receveur et pas un
ne s'en plaignit, eu égard à la rectitude et à
l'activité de mes transactions. Dix-huit mois
se passèrent ainsi, mon noviciat touchait à
sa fin, au grand contentement des intéressés,

lorsque mon patron fut chargé par un de ses
cliens d'un recouvrement considérable à Paris. Ce remboursement devant être suivi d'un
placement, qui donnait quelque inquiétude,
on désira qu'un homme habile allât sur les
lieux vérifier les immeubles et autres valeurs
offerts pour garantie des fonds prêtés. Mon
patron me proposa pour cette négociation
toute de confiance : on m'accepta et je partis
aussitôt, investi des pouvoirs qui mettaient à
ma disposition l'énorme somme de 130,000
francs.

Arrivé à Paris, je ne perdis pas une minute;
les informations que je pris furent tellement
satisfaisantes, qu'il ne me resta qu'à assigner
le jour où je concluerais cette importante affaire par le versement des capitaux. La veille
du jour indiqué, je me rendis à la caisse des
consignations, muni de mes titres, et l'on
me remit, sur ma signature, cent-trent billets de banque, que je serrai soigneusement
dans un grand portefeuille apporté tout exprès

pour cet usage, et dans le quel se trouvait *une lettre* que j'avais reçue le matin même de mon patron. Je plaçai mon portefeuille bien fermé dans la poche de côté de ma redingote et repris en hâte le chemin de mon hôtel. Je logeais rue Dauphine ; afin d'arriver plus vite chez moi, je traversai le passage du Pont-Neuf alors en restauration ; en montant les marches placées à l'un des bouts, mon pied heurta contre l'une d'elle et je faillis tomber ; je me retins à temps à la barre de fer d'une boutique et ne m'étant fait aucun mal je continuai mon chemin. En rentrant dans ma chambre, mon premier soin fut d'ouvrir ma valise pour y serrer le fameux portefeuille, que je n'osais confier au tiroir d'un secrétaire d'hôtel garni ; faites-vous une idée de ma stupeur, messieurs, lorsqu'après avoir fouillé à plusieurs reprises dans ma poche, je demeurai convaincu que j'avais perdu le portefeuille et les 130,000 francs.

« Mon sang se figea dans mes veines, je

restai immobile comme un homme frappé de la foudre ! je ne sais combien de temps je passai ainsi sans faire un mouvement, sans articuler un son, le visage inondé d'une sueur froide qui ruisselait de mon front ; enfin des cris étouffés sortirent de ma poitrine et quelques efforts que je fisse pour m'en empêcher je tombai sur le carreau comme une masse. Au bruit de ma lourde chûte, un garçon de l'hôtel accourut et me prodigua des secours mais à peine la connaissance me revint-elle, que toute la maison, je pourrais même dire tout le quartier, retentit des cris de mon affreux désespoir.Quand on en connut la cause, on m'entraîna dans les chemins que j'avais parcourus ; les marchands, les passans furent interrogés ; nul ne put donner le moindre indice sur ce qui m'intéressait si vivement. Le commissaire de police apprit sur le champ ce funeste événement par les soins de ma bonne hôtesse, car pour moi j'avais totalement perdu la tête ; je ne songeais qu'à une chose qui me mettait aux abois, c'est qu'on me soupçonnerait d'avoir dérobé cette somme, de me l'être appropriée, pour la jouer peut-être, car jadis il m'était arrivé quelques extravagances de ce genre, bien connues de mon patron : la perte de mon honneur, celle non moins douloureuse d'une femme que j'adorais, étaient à mes yeux la conséquence immédiate de cet affreux malheur. Dans mon désespoir, je n'entrevis qu'un remède qui assurément n'en était pas un, ce fut de me brûler la cervelle.

« La jeunesse raisonne si peu que je ne compris pas la portée de cette action, ni le tort qu'elle ne manquerait pas de me faire en accréditant les soupçons qu'on pourrait concevoir ; néanmoins je combinai mon plan et repris ensuite un calme apparent : j'avais dans ma valise une paire de pitolets qu'on y avait placés pour la route, je les visitai, ils étaient en bon état et vigoureusement chargés. Dès qu'il fît nuit je posai mes armes

près de moi, m'enfermai avec soin et me mis
à écrire à mon patron pour lui raconter la
cause de ma mort, prenant le ciel à témoin de
ma véracité. J'écrivis ensuite à mon père
afin qu'il se chargeât de mes dispositions tes-
tamentaires et je versai un torrent de larmes
en disant un éternel adieu à ma fiancée. Pendant que je me laissais aller à cette dernière
faiblesse, une voix que je reconnus pour celle
de ma bonne hôtesse, me cria, *Monsieur,
Monsieur, bonnes nouvelles ;* j'ouvris aussitôt ma porte et me trouvai vis à vis du commissaire de police qui pénétra d'autorité dans
mon logement, se saisit de mes armes et me
dit avec cordialité, qu'il se trouvait heureux
d'être arrivé à temps pour prévenir un sui-
cide.

« L'hôtesse m'expliqua alors que vivement
inquiète de moi elle avait cru devoir me faire
observer par les fentes de la porte d'une
chambre voisine, et que n'ayant pu se mé-
prendre sur mes projets, elle s'était hâtée d'en
instruire un magistrat. Ces braves gens em-

ployèrent ensuite leur rhéthorique pour me prouver que tout espoir n'était pas perdu: qu'en affichant sur les murailles la perte que j'avais faite, il serait possible que je retrouvasse mon portefeuille, qu'enfin il me restait toujours pour plus tard la ressource de me tuer si je le voulais absolument. Cela me parut plausible et je consentis franchement à vivre encore quelques jours ; cependant je m'effrayais de la tournure qu'il fallait donner à cet événement dans la crainte que les intéressés ne l'apprissent trop tôt ; mais en réfléchissant que c'était le lendemain même que je devais effectuer mon versement, je vis bien que je ne pouvais éviter cette publicité, et je priai instamment qu'on agît sans délais. Je jurai sur l'honneur à M. le commissaire de ne me porter à aucun excès avant le résultat de ses démarches; on me laissa seul le reste de la nuit; mais j'ai su depuis que nonobstant ma parole, *j'avais été gardé à vue.* Je ne me couchai point, mon agitation était telle que je ne pouvais rester en place!...l'horrible idée qu'on suspecterait ma probité me poursuivait sans cesse et pesait sur moi comme un affreux cauchemar !

« A six heures du matin, j'ouvris ma fenêtre ; j'étouffais ; ma poitrine oppressée ne pouvait contenir les soupirs qui pourtant ne s'en échappaient qu'avec peine.....! Un jeune ramoneur était assis vis à vis de mes croisées sur un banc de pierre: au bruit que je fis, l'enfant se leva et vint droit à moi, me demandant *si je connaissais M. M**** pourquoi m'écriai-je en me sentant soudain parcourir d'un frisson terrible? *C'est que j'ai quelque chose à lui remettre* répliqua tranquillement le ramoneur ; sa phrase n'était pas achevée que j'étais dans la rue, tenant avec force le pauvre petit comme s'il eût voulu m'échapper.

— *Mon portefeuille* m'écriai-je avec délire, *mon portefeuille,* où est-il ? Et je fouillais l'enfant avec une incroyable dextérité ; mes yeux lançaient des flammes, tellement que le ramoneur effrayé de mon regard et de mes gestes, n'osait répondre,»Mais où donc est-il demandai-je d'un ton suppliant.

— *Dans le fond de mon sac, sous la suie,* articula l'enfant en sanglottant,car son effroi était au comble : renverser le sac sur le pavé, m'emparer du portefeuille,l'ouvrir, mesurer son contenu de l'œil,puis me saisir de l'enfant, l'emporter en triomphe, le poser sur un fauteuil et tomber à ses pieds, ne furent pour moi qu'une seule et même action. Ce n'était plus un ramoneur à mes yeux, mais bien un Dieu ou tout au moins un émissaire de la divine Providence qui me rendait à la fois à l'honneur, à la vie, à l'amour !

« Après ce premier élan de ma reconnaissance et non sans avoir compté vingt fois les billets que je tenais dans mes mains ; j'interrogeai mon sauveur. Voici mot pour mot ce qu'il me répondit:Car je n'ai pas confié la teneur de sa réponse à ma mémoire seulement , de peur d'en oublier plus tard les circonstances constitutives, je l'ai écrite de ma main et je garde cette pièce comme la plus intéressante de mes archives de famille ; permettez-moi, messieurs de vous en faire la lecture, continua-t-il, en s'adressant à son jeune auditoire que le commencement de ce récit avait puissamment interressé. Après une courte pause M. M*** se mit à lire ce qui su't :

«Jai neuf ans, je m'appelle André, je suis natif de la Savoie. V'la trois hivers ; que je viens dans c'te grande ville pour gagner de quoi vivre l'été auprès de bonne mère qui est journalière et veuve. (*) L'an dernier je jouais aux billes dans la rue de Vaugirard : tout d'un coup je vois un monsieur bien habillé en soldat qui regardait par terre et pleurait comme moi tout à l'heure ; les passans s'attroupèrent pour lui demander ce qu'il avait à se chagriner tant. Hélas dit-il, je viens de perdre un un billet de cinq cent francs que mon capitaine

(*) L'anecdote relative au billet de cinq cents francs est historique ; c'est au marché Saint-Germain que le fait a eu lieu.

m'avait envoyé changer ; il croira que je l'ai
volé et me fera fusiller. Une femme s'approcha du soldat: mon brave qu'elle lui dit, j'ai vu
de ma fenêtre ous'que je travaillais, une grosse
jeune fille qui a ramassé un papier qu'elle a
serré dans sa poche après l'avoir regardé ;
je gagerais que c'est vot' billet autant que j'ai
pu en juger de si haut; mais où la trouver reprit
le soldat qui pleurait toujours à vous fendre
l'âme; je ne sais pas précisément, dit la femme,
je croirais cependant qu'elle doit être la bonne
de quelqu'un du marché Saint-Germain, parce
que je la vois passer avec des provisions
qu'elle porte ordinairement dans un grand
panier sur sa tête.» Là-dessus le soldat s'en va
tout droit au marché, escorté par une troupe
de gamins, parmi les quels je me trouvais.
Après avoir parcouru inutilement toutes les
allées du marché le pauvre soldat découragé
allait s'en aller, quand une marchande de
poisson lui demanda ce qu'il avait à se déso-
ler ainsi. Le soldat raconta son histoire, à
quoi la marchande répondit : consolez-vous,

mon brave, *je sais qui est-ce qui a trouvé votre billet*, le soldat lui sauta au col et sa figure exprima une joie si grande que j'en demeurai abasourdi. ;Eoignez-vous qu'al' lui fit, ne dites rien et écoutez-moi, puis elle appela par son nom, une grosse fille occupée à hacher des épinards chez une de ses voisines. *Françoise, qu'elle lui dit, si ta maîtresse t'avait confié un billet de 500 francs pour le changer et que le diable eût voulu que tu le perdisses, que ferais-tu ?* Je pleurerais terriblement que répond Françoise, *et si cette maîtresse,* reprit l'autre, *convaincue que ce n'est qu'un prétexte pour t'approprier le billet, te chassait en disant à tout le monde : Françoise est une voleuse !* pour lors que reprend Françoise j'irais me jeter à l'eau. *Eh bien voila précisément ce que devra faire ce pauvre soldat si tu ne lui rends sur le champ ce que tu as trouvé ce matin,* dit la marchande en faisant signe au soldat de s'approcher. C'est donc à vous ce billet demanda Françoise, dont le visage était devenu écarlate ; non mam'selle répondit le

brave, mais à mon capitaine, qui ne voudra
jamais croire que je l'ai perdu. Françoise
fouilla dans son sein, en retira un petit
rouleau et dit : « tenez *le vlà vot' billet,* puis
elle ajouta en pleurant, ha ! mon Dieu,
mon Dieu!quest-ce qui payera à présent la
belle robe et le beau bonnet que je viens de
commander pour la noce d'Anastasie ! Moi
interrompit un grand monsieur, aussi habillé
en soldat,sauf que ses épaulettes était d'or ;
en même temps il tira de sa poche cinq grosses pièces d'argent qu'il donna en pur don à
Françoise ; c'était,à ce qu'on a dit, le capitaine du soldat. Ce qui m'a bien étonné continua l'enfant c'est qu'on pût lâcher tant de
numéraire pour un petit papier si drôle...Cinq
grosses pièces d'argent ! Un de mes pays pu
grand que moi,m'expliqua que ce papier servait de monnaie, même qu'il m'en a fait regarder à travers des boutiques qui en vendent ; c'est égal *j'aime mieux l'argent :* depuis ce temps là, j'ai fait un voyage au pays

d'où je n' suis revenu que la semaine passée. Comme l'ouvrage n'a pas encore repris; je demande des sous aux promeneurs, il y a en d'aucuns qui me tarabustent et me disent d'aller travailler, d'autres me caressent et me font l'aumône:cela me dédommage.

. « Hier je flânais dans le passage du Pont-Neuf en mangeant un chausson aux pommes que j'avais acheté avec un pour-boire, car *l'argent du ramonage, voyez-vous, c'est sacré, il est là, dans ma bourse de cuir, je n'y touche pas, même pour manger,* ramassant toujours dans la journée assez de croutes pour me nourrir et de sous pour payer mon coucher.

«Tout en flânant, je cherchais des yeux une bonne place pour jouer aux billes si quelques camarades venaient à passer, lors que j'aperçois derrière un tas de pavés ce machin rouge que vous appelez un portefeuille. Croyant que c'était un livre je l'ouvris pour voir s'il n'y aurait pas de belles images, car je ne sais pas lire; Je n'y trouvai qu'une lettre et un paquet que j'ouvris aussi et dans lequel je vis un amas de *ces papiers qui font tant rire et tant pleurer*.

«Je songeai tout de suite en me souvenant du soldat de l'année précédente que celui qui les avait perdus devait être *bien malheureux* et je regardai tout autour de moi s'il n'allait pas venir quelqu'un rechercher en en pleurant ce que j'avais trouvé ; je restai ainsi deux heures environ, au bout des quelles je m'en allai avec ma trouvaille parce qu'une cuisinière de la rue du Regard m'avait promis pour ce jour des croutes et des restes abondans. Cette bonne dame me donne toujours quelques petites choses et je ne pouvais manquer de me rendre près d'elle un jour de gala ; tout en attendant au milieu de la cour que la bonne cuisinière eût desservi pour m'expédier, *je ruminais à ce que je devais faire pour rendre au possesseur ce que j'avais trouvé, car le chagrin du soldat ne me sortait pas de l'esprit ;* en examinant à la dé-

robée mes jolis papiers, je pris la petite lettre seulement et fus demander au concierge
qu'est un beau monsieur qui sait bien lire,
quoiqu'il y avait d'écrit dessus ou dedans,
disant que je l'avais ramassée dans la rue.
C'est *une lettre d'affaires*, que me dit le concierge, il faut *la jeter à la poste* car elle
pourrait faire faute à celui qui l'a perdu;
«pourquoi *la mettre à la poste*, demanda sa
femme, si ce pauvre petit va la reporter lui
même, on lui donnera peut-être quelque
chose: j'y vas tout de suite que je dis : et les
croutes; imbécile, reprend madame la concierge, attends ton diner mon bon homme
c'est le plus sûr, et puis si tu veux avoir queuques sous de la personne à qui appartient
cette lettre, il faut y aller le matin de bonne
heure. C'est un monsieur qui loge dans un
hôtel garni tu ne le trouverais pas à présent.
Je suivis de point en point les bons conseils
qu'on me donnait, et je rentrai tranquillement
chez mon logeur, après avoir caché au fond de

mon sac le livre et ce qui était dedans. Je me couchai tout de suite dans la crainte de dire queuques bêtises car la langue me démangeait et je m'endormis en songeant à la belle récompense que j'aurais si on me payait aussi généreusement que je l'avais vu faire l'an passé. Je rêvais aux robes et bonnets que je pourrais envoyer à ma pauvre mère et je lui parlais du coup de fortune qui nous était échu quand on vint m'éveiller pour aller battre le pavé. Au lieu de suivre comme à l'ordinaire un ou plusieurs de mes camarades dans leur tournée du matin, je leur abandonnai la chance et vins droit ici d'après les indications de la concierge. Il y a plus d'une heure que je suis à cette porte attendant que quelqu'un sortît pour me dire où *je vous trouverais!.. vous voilà,* j'en suis bien aise mais vous pouvez vous vanter de m'avoir joliment effrayé avec votre air effaré et méchant.

« J'avais pendant cette naïve narration, reprit M. M*** avec un visible attendrissement, pressé vingt fois sur ma poitrine le jeune ramoneur malgré la suie qui sortait de ses vêtemens au moindre mouvement qu'il faisait, et baisé à plusieurs reprises son visage noirci.

— Cher, cher enfant, m'écriai-je tout transporté en l'embrassant encore, tu ne me quitteras plus : reste ici , je te traiterai comme mon frère et partagerai avec toi tout ce que je possède.

« Je sortis ensuite pour arrêter les démarches qu'on devait faire et porter bien vite chez le notaire cet argent qui avait failli me devenir si funeste. Cette fois mon portefeuille fortement retenu à ma bretelle et à mon gilet par une corde, arriva intact et j'eus enfin la satisfaction de remettre à qui de droit les 130,000 francs de mon commettant, auquel je fis expédier, séance tenante, un reçu bien en règle qui me déchargeait de toute responsabilité. Aussitôt je retournai on ne peut plus joyeux auprès de mon ange tutélaire qui dormait profondément dans la bergère où je l'avais laissé.

« Que puis-je ajouter à cela messieurs? vous avez tous deviné que cet enfant n'était autre qu'André Bridens. Je lui devais l'honneur, la vie !... je voulus à mon tour qu'il me dût une nouvelle existence. En éclairant son esprit j'en fis un homme capable d'apprécier et de suivre les belles inspirations de son cœur. Je confiai sa jeunesse à de dignes professeurs qui en tirèrent plus encore que je n'en eusse exigé. La mère d'André reçut de moi une pension annuelle qui, en la mettant en état de vivre doucement, lui fait bénir à toutes les heures du jour son fils bien-aimé.

« Par un amour-propre que vous blâmerez peut-être, messieurs, je tins cette aventure secrète : je ne m'en ouvris qu'à mon père afin que s'il m'arrivait malheur, mon jeune protégé et sa mère continuassent à jouir du prix de ma reconnaissance. La peur qu'on ne m'accusât d'imprudence et de légèreté, celle plus grande encore de perdre la confiance de mon patron et de voir reculer mon mariage, me lia la langue, si bien que personne chez moi ne connaît André. A l'époque fixée par mon patron, j'épousai celle que j'aimais; Dieu parut bénir mon union en m'accordant une nombreuse famille et en me donnant les moyens de la soutenir honorablement. En ce moment, messieurs, l'estime de mes concitoyens vient de m'investir de la plus haute dignité à laquelle un homme puisse atteindre : nommé représentant de ma province, je suis chargé de la belle mission de défendre ses droits et de m'occuper de son bonheur.

« André, le premier moteur de tout ce bien-être, a surpassé mes espérances ; rien, vous le voyez, ne manquerait à ma félicité si ce jeune homme, que j'aime comme un fils, n'eût encouru je ne sais pourquoi, l'inimitié de quelques uns de ses honorables camarades ; si ce sentiment malveillant vient du mystère qui l'environne cela prouve une vérité incontestable, c'est qu'il ne faut jamais rougir de sa naissance ni cacher une action louable. Un peu d'amour-propre m'a porté à dissimuler le service que m'avait rendu le jeune savoyard et la juste récompense qu'il en recevait. Ce fut un grand tort dont je comprends aujourd'hui l'importance ; je ne commis pas seul toute la faute car André désira aussi qu'on ignorât son humble origine ; je servis cette petite faiblesse, et le fis passer pour mon neveu. Il doit être convaincu maintenant que mieux eût valu se dire le fils légitime d'un honnête laboureur que d'être pris pour le bâtard d'un financier député.

« Vous m'avez entendu, messieurs : j'affirme sur l'honneur que je vous ai dit la vérité, et rien que la vérité ! cependant, si vous persistez à trouver qu'André le ramoneur n'est pas assez noble pour se mesurer avec vous, je m'offre à vider en personne la querelle d'André devenu à mon avis, par ses talens, l'égal de tout homme de cœur ; car *celui*

qui, à neuf ans , dans l'état le plus misérable,
unique enfant d'nne mère pauvre qu'il adorait,
a pu rendre une somme considérable dont il
connaissait la valeur, de peur d'affliger cruel-
lement celui qui l'avait perdue , mérite il me
semble, de se trouver au premier dégré de
l'échelle sociale.

— Oui certes , répondirent les trois jeunes
gens , auxquels s'adressait ce discours et
nous tenons André Bridens pour le plus noble
d'entre nous comme on l'en reconnaît le plus
habile.

— Pardonnez-moi mon cher André, lui dit
Paulin en lui prenant affectueusement la
main. J'avoue à ma honte, continua-t-il, que
je n'ai pu voir sans envie votre supériorité.
La jalousie est mon défaut je m'en accuse
humblement et tâcherai de m'en corriger
puisqu'il fait tomber dan s de telles injustices.
Ce défaut quelqu'enraciné qu'il soit n'a pu
tenir contre l'admiration que vous m'inspirez;
je vous croyais mon égal et je vous haïssais !..

vous m'êtes si supérieur que je tiendrai désormais à honneur de suivre vos traces. Après
cette profession de foi, vous ne doutez pas
j'espère, que je ne sois prêt à vous rendre
à l'instant raison de l'insulte que vous avez
reçue de moi : sortons ; ces messieurs chargeront les armes et régleront les conditions
du combat.

— Je suis plus que satisfait, réprit
le jeune élève les yeux pleins de larmes, et
dès que vous ne repoussez pas André le ramoneur, permettez à André votre camarade
de devenir à tout jamais votre meilleur ami.
Les quatre camarades s'embrassèrent avec
effusion, tandis que M. M*** mille fois heureux
de l'issue de cette affaire se réjouissait d'a-
voir eu recours à cette ingénieuse confidence.

Il crut devoir rendre la leçon plus profita-
ble :

— Hé bien? leur dit-il, quand l'émotion fut
un peu calmée, convenez qu'il est heureux
que je me sois trouvé sur votre passage, afin

d'éviter à l'un de vous le plus grand crime
que puisse commettre un homme civilisé, celui de donner la mort à son semblable, et aux
autres le regret éternel de l'avoir permis.

« Quoi! messieurs, vous ne reculez pas
épouvantés devant une poitrine qui s'offre à
votre feu? Vous ne mesurez donc pas l'énorme responsabilité que vous assumez sur votre
tête? et votre cœur ne saigne point à l'idée
du désespoir qu'un peu de gloriole va lancer
dans une famille? *Je m'expose*, dites-vous,
donc je suis excusable!.. erreur, messieurs;
votre vie ne vous appartient pas plus que
celle d'un autre, et quand c'est vous qui avez
la lâcheté de provoquer un être inoffensif, ce
que vous risqez ne vaut pas l'enjeu que vous
exigez de lui, car votre vie est *celle d'un misérable spadassin qu'il faudrait enfermer
comme fou*, s'il était permis de le traiter selon ses œuvres.

« Et vous imprudent, continua-t-il en se
tournant vers André, vous qui osez croire

votre dignité d'homme compromise parce
qu'un fat vous fait une insulte, vous qui oubliez une mère dont vous êtes l'unique soutien, une patrie que vous devez servir en dédommagement de ce qu'elle a fait pour vous,
enfin un ami dont votre mort eût empoison-
né la vie ! ne sentiez-vous pas de remords et
n'eussiez-vous pas mérité qu'au lieu de me
prêter à votre extravagance, je vous y eusse
abandonné, pour fournir à notre pays un déplorable exemple de plus, de ce faux point
d'honneur que tant de familles déplorent, et
que nos dignes magistrats tentent en vain de
réprimer.

L'honneur, messieurs, c'est l'accomplisse-
ment de ses devoirs envers sa famille, envers
son pays, envers la société ; l'honneur, c'est
de tenir ce que l'on a promis, de répondre
dignement aux espérances qu'on a fait concevoir, de fuir les fous, de mépriser les méchans, enfin de conserver une vie qui ne
vous a pas été offerte mais imposée et qu'une
puissance invisible saura bien vous retirer

quand elle ne sera plus utile aux décrets de la Providence. Hors cette ligne de conduite il n'y a que vanité, faux honneur et remords!..

Les jeunes auditeurs de M. M*** trouvèrent qu'il avait parfaitement raison, puisque, sans sa pacifique intervention, ils eussent pour un a mour-propre froissé, mis en péril la vie d'un galant homme. Puissent les duellites trouver toujours un conciliateur qui comme M. M*** sache triompher du préjugé par la raison. Nous aurions alors moins souvent à déplorer la funeste manie *du combat singulier* dont le résultat ne prouve rien que l'adresse ou le sang-froid du vainqueur.

M. M*** de retour dans ses foyers, raconta de suite à sa famille l'histoire d'André, en appuyant fortement sur les obligations qu'il lui avait, ce qui fit considérer et recevoir le le jeune élève comme un véritable parent.

Cette petite anecdote courut bientôt la ville, les journaux à l'affût de ce qui arrive d'extraordinaire s'en emparèrent pour en régaler les amateurs qui ne lisent que l'article *faits divers*. Et dernièrement encore il signalèrent la sortie dans *le génie civil* d'un élève de l'école Polytechnique, qui, il y a douze ans, ramonait des cheminées à Paris. C'était *André!* Gloire à la nation qui produit de tels hommes, honneur aux institutions libérales qui, nonobstant la position personnelle, permettent au talent de parvenir et de fructifier.

FIN DU TOME SECOND ET DERNIER.

Paris. — Imprimerie d'Amédée Saintin, rue Saint-Jacques, K. 38

www.ingramcontent.com/pod-product-compliance
Ingram Content Group UK Ltd.
Pitfield, Milton Keynes, MK11 3LW, UK
UKHW020603230726
13926UKWH00005B/2164